无徽不镇

WU HUI BU ZHEN

朱小阳　丁修真◎编著

安徽师范大学出版社
·芜湖·

责任编辑:孙新文 蒋 璐 薄 雪

装帧设计:任 彤

图书在版编目(CIP)数据

无徽不镇/朱小阳,丁修真编著.—芜湖:安徽师范大学出版社,2016.12(2018.12 重印)

ISBN 978－7－5676－1715－5

Ⅰ.①无… Ⅱ.①朱…②丁… Ⅲ.①徽商－商业史 Ⅳ.①F729

中国版本图书馆CIP数据核字(2016)第290243号

无徽不镇

朱小阳 丁修真 编著

出版发行:安徽师范大学出版社

芜湖市九华南路189号安徽师范大学花津校区 邮政编码:241002

网 址:http://www.ahnupress.com/

发 行 部:0553-3883578 5910327 5910310(传真) E-mail:asdcbsfxb@126.com

印 刷:日照教科印刷有限公司

版 次:2016年12月第1版

印 次:2018年12月第3次印刷

规 格:700 mm×1 000 mm 1/16

印 张:9.25

字 数:128千

书 号:ISBN 978－7－5676－1715－5

定 价:24.80元

总　序

　　徽商是指历史时期(主要是明清时期)徽州府六县(绩溪县、歙县、休宁县、黟县、祁门县、婺源县)的商人所组成的松散的商帮集团。

　　徽商走出丛山,奔向全国,向以从商人数众、经营行业多、延续时间长、活动范围广、商业资本大而成为历史上的一个著名商帮。徽商的出现,在中国历史上是一个非常重要的现象,更是一个奇迹。

　　六百年徽商,对我国封建社会晚期的政治、经济、文化、社会等各个方面都产生了重要影响,它已引起中外很多学者的高度重视。

　　自20世纪80年代以来,学术界就出现了"徽商研究热",学者们从不同角度、用不同的方法研究徽商,研究成果层出不穷,研究水平不断提高,大大深化了我们对徽商的认识。随着徽商研究的深入,人们越来越感到,徽商精神是我们当今社会宝贵的财富,进一步发扬徽商精神,对于我们今天繁荣社会主义市场经济、构建社会主义和谐社会,有着重要的现实意义。

　　徽商研究虽然取得了丰硕成果,但是这些成果基本上还没有走出学术圈,社会大众对徽商还是知之甚少,他们对徽商的了解基本上还

无徽不镇

是通过一些传说故事、电视、小说而获得的,而这些往往是不准确的。

历史上的徽商究竟如何?徽商是怎么发展起来的,又是怎么衰落的?徽商做出了哪些贡献?我们今天从徽商那里应该学习什么?我们觉得应该在广大群众中大力普及徽商知识,弘扬徽商精神,传播徽商正能量。为此,我们编写了这套丛书,共有八本:《第一商帮》《贾而好儒》《经营之道》《仁心济世》《商界巨贾》《无徽不镇》《徽商故事(明代)》《徽商故事(清代)》,分别从某一侧面较为详细地展示徽商鲜为人知的地方。为了便于广大读者阅读,我们力求做到科学性与可读性相结合,运用通俗的文字表达出来,同时配有大量插图和照片,以帮助读者进一步了解徽商。

丛书之所以命名"解码徽商",就是要将历史上徽商的真实情况介绍给广大读者,因此全套书的写作都是严格依据史实来编写,即使是徽商故事,也不允许杜撰,而是完全有史实根据的。

习近平总书记号召,要大力弘扬中国传统文化。徽商精神也是中国传统文化的一部分,我们希望通过这套丛书为响应习总书记的号召做出我们微薄的贡献。

王世华

2015 年 12 月

目　录

第一章 "无徽不成镇"解说

一、徽商概况

明清时期徽州府下辖的歙县、休宁、祁门、黟县、婺源、绩溪六县，是久负盛名的商贾之乡。徽州府的商人因为影响巨大，被时人和后人称为——徽商，徽商曾是活跃于历史舞台的一支重要的经济力量，是明清时期闻名全国的大商帮。徽商以经商人数众、经营行业多、活动范围广、商业资本大、持续时间长而对中国明清时期的政治、经济、文化产生了深远的影响，研究徽商有助于我们深化对中国封建社会晚期历史的认识。

明人谢肇淛云："富室之称雄者，江南则推新安。"特别是在长三角地区，徽商的活动最为频繁，民间曾流传着这样的谚语："无徽不成镇"。

那么徽州商人是在怎样的条件下形成的呢？关于徽商形成可以从历史背景和自然条件以及文化传统几个方面来谈谈。

首先，我们来看一下徽商兴起的历史背景与客观条件。徽州地处皖南地区，山多地少，可以用来耕作的土地少，粮食不足自给。正是这种自然条件迫使徽州人不得不外出谋生存。据记载，明万历年间徽州地区的垦殖率仅为14%,清嘉庆年间,徽州地区垦殖率为11.4%。徽州曾有民谚道:"七山一水一分田,一分道路和庄园。"正是这种情况的真实反映。徽州地区不仅耕地少,而且土地肥力低,并且自然灾害频繁。在粮食生产自然条件恶劣的徽州,人口的数量却在明清时期急剧增长,从明代万历年间到清代嘉庆年间,徽州地区人口增加了三倍多。以上种种条件都导致了徽州地区的粮食产量不足以养活徽州当地的居民。康熙时期的《徽州府志》称,徽州粮食不足,全靠江西和浙江运来的粮食接济。"一日米船不至,民有饥色;三日不至,有饿莩;五日不至,有昼夺。"也就是说外地运送粮食的船只一天不来徽州,徽州的居民就会面有饥色;三天不来,就会有人饿死;五天不来,就会出现

万山丛中的徽州古村落

白天抢夺的情况。这种自然条件是徽州人走上外出经商之路的条件之一。早在明代就有人看出徽州粮食生产不足是徽人外出经商的动力。明代万历年间的《歙志》曾有这样的记载:"今邑之人众几于汉(代)一大郡,所产谷粟不能供百分之一,安得不出而糊其口于四方也。谚语以贾为生意,不贾则无望,奈何不亟亟也。"在明清时期的徽州,不仅下层人民须外出经商谋生,豪门大族也往往借助商业活动扩张其财产。徽州耕地有限,地价贵,土地兼并这一方式是性价比较低的财富增值方式。明代末年有人说:"新安土硗狭,田蓄少,人庶仰贾

而食,即阀阅之家(指富贵之家)不惮为贾。"

所以我们可以说徽商最初外出经商是被逼出来的。

其次,徽州地区特产丰富,可以为徽商提供外出贸易的商品。徽州地区虽然粮食产量不高,但山区的特产却很丰富。徽人可用作外出贸易的产品主要有木材、茶叶、瓷土、竹子以及其他山货等。

先看木材。徽州多山,竹、木资源丰富,特别是杉木,徽州气候与土壤尤其适宜杉

徽州茶叶、竹木资源非常丰富

木生长。而且杉木的用途非常广。婺源所产的杉木,是徽杉中的佳品,早在南宋时期就有徽州人专门种植杉木,再将杉木运往浙江销售。

再看茶叶。徽州气候温暖,降雨量充沛,土壤酸碱度适中,最宜于茶叶的生长。在唐朝时,徽州这一名称还未出现,这一地区称为歙州。歙州就以产茶闻名。陆羽曾在《茶经》中记载:"歙州产茶,且素质好。"唐代以后,国内饮茶风气日甚,至明清时期,茶叶不但成为全国人民的普通生活消费品,且逐渐成为运销海外的主要商品。徽州茶叶的产量和质量也闻名于全国乃至世界。随着茶叶需求量的增大,徽州茶叶的产量也大为提升。茶叶遂成为徽州地区重要的经济作物。瓷土,江西景德镇以瓷都闻名于天下,但其烧瓷的瓷土则是来源于徽州。明清时期,祁门、婺源两县有不少人以专门制作瓷土为业。他们在徽州

无徽不镇

徽商外出所走的古道

制作好烧瓷的原料土,运往景德镇销售。此外,徽州所产的笔、墨、纸、砚质量上乘,特别是徽州所产的墨、砚二宝声誉最著。徽州的刻书业、漆器制作业等也很发达。徽州山区的特产提供给他处需要而无法生产的商品,这也是促使徽商发展的条件之一。

徽州地近富饶地区,也是徽商经营的一大优势。徽州与经济发达、交通便利的苏、浙、赣以及长江沿线临近。徽州的地理位置对徽商外出贸易是相当有利的,他们顺新安江可东下杭州,西出饶州至江西,北上芜湖至长江,顺江东下又可达南京、镇江、扬州、苏州等地,溯江而上又可到九江、汉口、成都等地,而且行程都有水运之便。

再次,徽州地区文化发达,对于徽商的兴起起到了明显的促进作用。徽州地区文化发达原因有三:一是徽人有不少是历史上为了躲避战乱来到徽州的中原大族的后裔。这些大族迁入徽州后保持着诵读诗书的传统;二是受程朱理学的影响,徽州是理学的故乡,有"东南邹鲁"之称;三是徽商对于教育事业的鼎力支持。

以上我们了解了徽州商人是在怎样的条件下走出徽州进行贸易。那么"无徽不成镇"到底是有怎样的含义呢?

二、"无徽不成镇"含义

在徽商兴盛的几百年里,他们的活动范围"几遍宇内",所谓"山陬(zōu,山陬,山的角落)海涯,无所不至"。当时,南北二京,各省都会及其他大小城镇都是徽商活跃之处。扬州、仪征、苏州、淮安、芜湖、杭州、湖州、南昌、临清、汉口、北京、广州等城市都有众多的徽人侨寓其中。即使是穷乡僻壤、深山老林、沙漠海岛等人迹罕至的地方也不乏徽商的活动身影。徽商的商业经营活动,主要还是集中在长江中下游地区、京杭大运河两岸。特别是长江中下游的众多市镇在形成和发展过程中,徽州商帮发挥了巨大的推进作用,对经济文化繁荣功不可没。"无徽不成镇"正是长期流传于长江中下游一带的一句民谚。

"无徽不成镇"原是一句民谚,后经过国学大师胡适在《胡适自传》中加以阐释,影响越发大了起来。

胡适先生(1891—1962)是安徽省徽州府绩溪县人,出生在一个徽商世家。《胡适口述自传》中他曾详细地描述了徽州商人的情况与"无徽不成镇"。此传记是美籍华人历史

《胡适自传》书影

无徽不镇

学家唐德刚先生根据美国哥伦比亚大学中国口述历史学部所公布的胡适口述回忆录音的英文稿,和唐德刚先生所保存并经过胡氏手订的残稿,对照参考,综合译出的。因为其中关于徽商和"无徽不成镇"的阐释甚为精彩,所以全部摘录下来,以飨读者。

我是安徽徽州人。让我先把安徽省最南部,徽州一带的地理环境,做个综合的叙述:徽州在旧制时代是个"府",治下一共有六个"县"。我家世居的绩溪县,便是徽州府里最北的一县。从我县

胡适像

向南去便是歙县和休宁县;向西便是黟县和祁门县;祁门之南便是婺源县。婺源是朱子的家乡,朱熹原来是在福建出生的,但是婺源却是他的祖籍。

徽州全区都是山地,由于黄山的秀丽而远近闻名。这一带的河流都是自西北向东南流的,最后注入钱塘江。因为山地十分贫瘠,所以徽州的耕地甚少。全年的农产品只能供给当地居民大致三个月的食粮。不足的粮食,就只有向外地去购买补充了。所以我们徽州的山地居民,在此情况下,为了生存,就只有脱离农村,到城市里去经商。因而几千年来,我们徽州人就注定地成为生意人了。

徽州人四出经商,向东去便进入浙江;向东北则去江苏;北上

则去沿长江各城镇;西向则去江西;南向则去福建。

我们徽州六县大半都是靠近浙江的;只有祁门和婺源靠近江西。近些年来(抗战前后),最西的婺源县,被"中央政府"并入江西。但是婺源与安徽的徽州有长久的历史渊源,居民引以为荣,不愿脱离母省,所以群起反对,并发起了一个"婺源返皖"运动。在中国共产党统领大陆前几年,婺源终于被划回安徽;但是我听说在中国共产党治下,婺源又被划给江西了。所以一千多年来,我们徽州人都是以善于经商而闻名全国的。一般徽州商人多半是以小生意起家;刻苦耐劳,累积点基金,逐渐努力发展。有的就变成富商大贾了。中国有句话,叫"无徽不成镇"。那就是说,一个地方如果没有徽州人,那这个地方就只是个村落。徽州人住进来了,他们就开始成立店铺,然后逐渐扩张,就把个小村落变成个小市镇了。

有关"徽州帮"其他的故事还多着哩。我们徽州人通常在十一二三岁时便到城市里去学生意。最初多半是在自家长辈或亲戚的店铺里当学徒。在历时三年的学徒期间,他们是没有薪金的;其后则稍有报酬。直至学徒(和实习)期满,至二十一二岁时,他们可以享有带薪婚假三个月,还乡结婚。婚假期满,他们又只身返回原来店铺,继续经商。自此以后,他们每三年便有三个月的带薪假期,返乡探亲。所以徽州人有句土语,叫"一世夫妻三年半"。那就是说,一对夫妇的婚后生活至多不过三十六年或四十二年,但是他们一辈子在一起同居的时间,实际上不过三十六个月或四十二个月——也就是三年或三年半了。当然徽州人也有经商致富的。做了大生意,又有钱,他们也就可以把家眷子女接到一起同住了。

无徽不镇

　　徽州人的生意是全国性的,并不限于邻近各省。近几百年来的食盐贸易差不多都是徽州人垄断了。食盐是每一个人不可缺少的日食必需品,贸易量是很大的。徽州商人既然垄断了食盐的贸易,所以徽州盐商一直是不讨人欢喜的,甚至是一般人憎恶的对象。你一定听过许多讽刺"徽州盐商"的故事罢。所以我特地举出盐商来说明徽州人在商界所扮演的角色。徽州人另一项大生意便是当铺。当铺也就是早年的一种银行。通常社会上所流行的"徽州朝奉"一词,原是专指当铺里的朝奉来说的,到后来就泛指一切徽州士绅和商人了。"朝奉"的原义本含有尊敬的意思,表示一个人勤俭刻苦;但有时也具有刻薄等批判的含义,表示一个商人,别的不管,只顾赚钱。

明清时两淮盐运司衙门

　　总之,徽州人正如英伦三岛上的苏格兰人一样,四出经商,足迹遍于全国。最初都以小本经营起家,而逐渐发财致富,以至于在全国各地落户定居。因此你如在各地旅行,你总可发现许多人的原籍都是徽州的。例如姓汪的和姓程的,几乎是清一色的徽州人。其他如叶、潘、胡、俞、余、姚诸姓,也大半是源出徽州。当你翻阅中国电话簿,一看人名,你就可知道他们的籍贯。正如在美国一样,人们一看电话簿,便知道谁是苏格兰人,谁是爱尔兰人,谁是瑞典人、挪威人等一样的清楚。

商业依存于城市的发展,另一方面城市的发展以商业为条件。江南市镇的大量兴起,正是商品经济繁荣的产物。徽商以这些市镇为起点,从事商业活动,获得巨额利润。同时,在此过程中,徽商又自觉或不自觉地充当了市镇建设者,为市镇的繁荣作出贡献。

"无徽不成镇"主要体现在以下几个方面:

第一,一个偏僻落后的小乡村,如果来了徽商,则它很可能就会成为一个有影响的市镇。比如说淮安河下镇就是一个典型例子。河下镇现为全国历史文化名镇,它位于淮安府山阳县境内、淮安新城之西,其西、南抵运河,其北侧为古淮河山阳湾。明清时期,河下镇兴起最重要的因素是盐业。而这盐业又是与徽商密切相关。明代,扬州设立两淮盐运

淮安河下镇因徽商而繁荣

司,下辖通州、泰州、淮北三个分司。淮北分司原来设在涟水,明中叶以后由于黄河夺淮入海,涟水等地遭受洪水威胁,并多次因河岸崩塌,导致挈验所被毁。在这种情况下,淮北盐运分司迁移到淮安河下镇,河下镇遂成为淮北盐斤必经之地。随着盐务机构的迁移,越来越多的徽州盐商也来到淮安河下安家,也有从扬州迁来的徽商。如徽商程量越一支从歙县迁来河下镇,程氏宗族清初在淮安经营盐业的就有数十家,皆致大富。此外如徽商曹氏也是由徽州迁来的,不断发展壮大,河下镇的曹家山就是该族的部分产业。

这些徽商迁居河下,使得河下镇迅速崛起,成为繁荣的城镇。河

无徽不镇

下镇在最为繁荣时有二十二条街、九十一条巷、十三坊,街衢繁密。河下镇的面貌也大为改观,有记载:这里"高堂曲榭,第宅连云"。徽商程氏"以满浦一铺街为商贾辐辏之地,地崎岖,不便往来,捐白金八百两购石板铺砌,由是继成善举者指不胜屈。郡城之外,悉成坦途"。这些铺街的石板多是徽商从各地运来。盐业的兴盛使得河下一带的商店林立,市场繁荣,如西湖嘴市、相家湾市、姜桥市、罗家桥市、米市、柴市、西义桥市等。

徽商在河下经商富裕之后,非常重视自己的子弟教育,延请宿儒名师为其子弟授课。数百年间,河下人文蔚起,明清两朝这里出了五十余名进士,其中状元、榜眼、探花皆有。徽商程晋芳、程銮、程增、程坤、程銮、程钟、程鉴等皆为时所推重。

与人文蔚起相对应,修建园林成为徽商的一种时尚,经过多年不断经营,河下园林有近七十座之多,其中以曲江楼、菰蒲曲、荻庄尤负盛名,皆为徽商园林别墅。

原本很不起眼的河下镇就是因为徽商的到来而成为一个相当繁华的市镇。

再以杭州江干地区为例。徽州木商在杭州的木材市场是相当活跃的,在同业中势力最为强大,对地方经济的发展有很大促进作用。由于木材行业的兴起,其他诸如柴炭、过塘(后即转运业)各业,也相继发展。旧时冷落的十里江塘,已变成繁荣之区,茶坊、酒店饭铺以及水果南北百杂各货和有关生活日用所需各业商铺,纷纷在靠江沿塘一带建屋开业,上自闸口,下至南星桥以及三廊庙船埠,小商店尤多,而以海月桥一带最为繁盛。

第二,原本是市镇的地方,如果有了徽商的经营,则它的经济文化会进一步繁荣。比如景德镇就是如此,市场活跃。徽州与景德镇地理上临近,交通便利,来景德镇经商自然优于他地。徽商大约于明代中叶进入景德镇,明末清初是徽商在景德镇发展到鼎盛的时期。景德镇瓷业发达,带来商业繁荣,明清时期已发展成闻名中外的瓷都,

徽商经营地之一景德镇瑶里古镇

经济繁荣。徽商在景德镇经营范围很广,几乎涉及镇上生活和生产的各个领域。徽商在景德镇经营的行业有制瓷、瓷土、典当、银楼、绸布、百货、药铺、粮食、茶叶、印刷、饮食、木材等二十多个行业。为了加强本府商人的团结,徽州府六县商人于清嘉庆年间在前街建成徽州会馆,作为徽商聚会、议事、祭祀的场所。徽商并把会馆两侧的街巷改名为新安上巷和新安下巷。

徽商不仅在景德镇经营各业,更垄断了景德镇的金融。清末民初,全镇有大小钱庄一百多家,几乎全部为徽商开设,并分为福、禄、寿三等排列,资本雄厚。徽商在景德镇经营的数百年间,对于景德镇的经济、文化事业的发展和社会进步产生了巨大的影响。

徽商对市镇发展和影响是多方面的:一是促进经济发展。人们常说:"无商不活",就是说,没有商人与商业贸易,这个地方的经济就是一潭死水。商人将本地所产的商品不辞劳苦地运到外地,把本地需要的商品不远百里、千里从外地运进来。这一进一出,就大大促进了当地经济的发展。如南直隶松江府(现上海),明清时期是全国棉织业的中心。这里每年都生产出大量的棉布。试想,如果没有商人将这些棉布源源不断地运到全国各地销售,松江哪来"衣被天下"的美誉?松江

的棉织业怎能发展起来？早在明代中叶，当松江棉布业刚兴起时，徽
商就察觉到巨大的商机，成群结队地来到这里，进行棉布贸易了，当然
也赚了不少钱，以致给当地人造成这样的印象："松江财富多被徽商搬
去了"。二是推动了市镇建设的发展。徽商云集这些市镇，开店设铺，
拓街建房，造亭楼、建园林、置会馆、辟码头等，这些都直接地推动市镇
建设的发展，使之更具规模，更为繁华。尤其是市镇的一些基础设施，
如修道路、架桥梁、浚河道等，大多是徽商捐资完成的。不仅使市镇面
貌焕然一新，而且更加便利老百姓的生活。三是推动了市镇文化教育
的进步。徽商在各地办书院、建书楼、蓄戏班、印图书、兴诗社、办文会
等，无不促进了当地文化教育事业的发展。

明清时期徽商聚集地之一松江古城

第三，一个本来繁荣的市镇，由于徽商撤出而衰落，或因徽商衰落
而衰落。万历《嘉定县志》记有一典型例子："（南翔镇）在县治南二十
四里……往多徽商侨寓，百货填集，甲于诸镇。比为无赖蚕食，稍稍徙
避，而镇遂衰落。"就是说江苏嘉定县南翔镇原有不少徽商在此经营，

并侨寓在这里,大批货物在此集散,使得此镇繁华超过其他诸镇。后来镇上一些无赖专找徽商麻烦,搞得徽商无法正常经营,只好纷纷迁徙到其他地方。徽商一走,南翔镇也就衰落了。江苏盛泽镇纺织业发达,这是"商客之盛"的缘故。到了清初,由于徽商辐辏,虽弹丸地,而繁华过他郡邑。到清中期,"商贩稀少,机户利薄,则凋敝立形,生计萧索,市肆亦为之减色矣"。淮安河下的繁荣与徽商密切相关,河下的衰落也是因为徽商衰落的结果。清道光年间两江总督陶澍创行票盐法,此举把徽商的纲盐世袭垄断特权剥夺了。陶澍并把掣验所由河下迁到三十里外的王营西坝,不到十年时间,河下徽商便"高台倾,曲池平,子孙流落。"河下镇旧日繁华,只剩有寒菜一畦、垂柳几树而已。可见徽商对市镇的影响之大。

嘉定南翔古镇曾因徽商而繁荣

第二章　徽商与江南市镇

一、徽商与江南

　　明清时期,徽商足迹遍及全国通都大邑,从区域中心城市到乡村坊间,均活跃有徽州商人。如果要说徽商悉心经营,用力最甚,与徽商兴起发展有密切联系的则是江南地区。

　　明清时期的江南地域,大致包括了今天的上海、江苏省南部与浙江省北部地区,即历史上的杭州、嘉兴、湖州、苏州、松江、常州地区,其外围也可延伸至南京、镇江及宁波等地。自宋代以来,这一片土地逐渐成为中国经济最为发达的地区。可以说,没有江南,就没有历史上徽商的辉煌,而江南的繁荣,也离不开徽商的辛勤开拓,二者相辅相成。

　　许多研究徽商的学者曾经指出,徽州地狭人稠促使徽州人形成了外出经商的风俗,加之该群体俭朴生活、"贾而好儒"等特点,最终促成了徽商的兴旺与繁荣。

徽商所纂水陆路程书影

这样的说法诚然不差,却忽视了商业经济发展的自身规律。正如葛剑雄先生指出的,从历史地理角度出发,徽商的发展与其充分利用地理优势,稳定占有以长江三角洲为主市场关系甚密。从交通条件来看,徽州至江南有非常便利的水利通道,沿着新安江而下,经过富春江、钱塘江即可到达江南富庶之地杭州,进入杭嘉湖地区。通过内河航道,也可以连接苏松常各府。在今天的安徽芜湖,还有一条更为便捷的中江水道,通过它,可以直接到当时江南的政治、文化、经济中心——南京。这些密集的水道,源源不断地将徽州本土出产的木材、茶叶、药材、纸墨等运送至江南。而作为当时全国经济中心,海外贸易的集散场地,江南贸易的制高点终于被占据天时地利人和的徽州商人所掌握。

为了及时掌握出行信息,利于商业贸易的开展,明清之际,徽州商人纷纷编制地图道里相关的书籍,方便商业往来。如明代著名徽州商人黄汴在其所编纂的《一统路程图记》序里写道:

> 余家徽郡万山之中,不通行旅,不谙图籍,土狭人稠,业多为商。汴弱冠随父兄自洪都(南昌)至长沙,览洞庭之胜,泛大江,溯淮扬,薄戾到达燕都(北京)。是年,河水彻底,乃就陆行,自充(州)至徐(州),归心迫切,前路渺茫,苦于询问,乃惕然兴感,恐天下之人如余之厄于歧路者多也。后侨居吴会(绍兴),与二京(指北京和南京)十三省暨边方商贾贸易,得程图数家,于是穷其闻见,考其异同,反复校勘,积二十七年始成帙,分为八卷,卷有所属,俾一展册,而道路之远近,山川之陵夷,及风波盗贼之有无,靡不洞其纤细,九州地域在指掌间矣。

无徽不镇

　　而在这些商人编写的书中,对当时的商业道路进行较为详尽的记载,如徽州由严州至杭州水路程,《水程捷要歌》:"一自鱼梁坝,百里至街口。八十淳安县,茶园六十有。九十严州府,钓台、桐庐守。橦梓关富阳,三浙垅江口,徽郡至杭州,水程六百走。"

　　从徽州至江南(明清时期的江南,一般是指苏州、松江、常州、杭州、嘉兴、湖州六府之地,加上南京),再以江南为中心前往全国各地,往西可溯长江而上,中达芜湖、安庆、九江、汉口、荆州、重庆、泸州、成都;往北入大运河,近抵淮扬,中达临清,远至北京,由河漕又可东走济南,西走开封,运河沿线的通州、德州、临清、济宁、济南、开封又均为重要的商业城市;往南,由钱塘江而下,至建德折入横港,联结浙南、闽北;往东入海,南下可抵宁波、福州、泉州、漳州、广州等都市,远航可达菲律宾、马来西亚等外邦,北上则可达山东、直隶及关东,出海可达朝鲜和日本国。

　　总的来说,明清时期江南地区正好处于南北流通的中枢地区,且经济实力雄厚。徽商只要在江南扎住根,则可无往而不至。比起在其他地方打基础,闯天下,条件要优越得多。交通的便利,市场的发达,成就了徽商与江南经济的共同发展。

浙江嘉兴桐乡——明清时期不少徽商在此经营

二、徽商在江南市镇的活动

徽商至江南经商的记载甚早。早在元末,即有名为朱基的婺源籍商人,经常贸易于常州地区,后因元末世乱,家乡烽火连天,便迁居至常州地区的无锡。到了永乐时期,又有徽州商人程实,在苏州做起了以木材交换粟谷的生意。诸如此类的记载还有很多,足以说明徽商与江南地区渊源颇深。至明弘治年间,徽商就曾在石门县开典铺。嘉靖年间,休宁人程埏十四岁起便与其舅在浙江乌程行商,其后又在平湖开设典当铺。明代歙县人程次公于桐乡做买卖,适逢倭乱,便捐献千金以资助军队。明末休宁人孙从理在吴兴县经营典业,由于经营得当,前后增置很多典铺。有明一朝,类似记载屡见不鲜。

苏州盛泽也是明清徽商聚集地之一

明代中叶以后,江南地区的市镇迅速发展。据学者研究,明代中后期,江南地区的苏州、松江、嘉兴、湖州四府共有市镇一百六十余个,

无徽不镇

而到了清乾隆嘉庆年间,数量增至三百二十多个,人口万余以上的超过二十个。吴江县的盛泽镇、昆山县的千墩镇、乌程的南浔镇等处,居民甚至达到了五六万之多。这一时期,江南市镇大多是以丝织、冶陶、烧砖等手工业生产为主,贸易则包括了粮食、棉花、棉布、蚕丝、绸缎在内的各类产品,在星罗棋布的市镇上,出现了大量的行商坐贾。

江南市镇强大的发展势头吸引了大量的徽商进入江南市镇,从而成为江南市镇上最为活跃的商人集团。如歙县许竹逸挟资纵横吴、越、金陵十余年。歙县汪沅、江佩、黄明芳、许海等人,往来于吴越间,家庭日渐富裕。弘治、正德年间,婺源商人李贤,在江南勤苦起家,并且热心维护地方治安,颇得当地人士好评。在当时嘉定县的南翔镇,便多歙县商人。同一地区的罗店镇,因为地势近海,多产海鲜,吸引了大量的徽商驻扎此地。吴江县的盛泽镇,虽然面积不大,但因有徽商的加盟,繁华程度甚至超过县城。平湖县的当湖镇,徽州商人在此大兴高利贷行业,盘踞其中,成为当地富家巨室。在上海县吴淞镇,歙商郑富伟于明嘉靖时在该镇经营,"累赀甚巨,声业懋位"。钱鸣塘市,明时便有徽商居住于其中,收买布绸出贩。黄溪镇,万历年间有徽商贩缯。外冈出产的棉布,因徽商寓居钱鸣塘收买,遂名钱鸣塘布。杭州塘栖镇,因交通便利,财货聚集,徽杭大贾视其为财富渊薮,典当贩米,卖丝买缯者,骈臻辐辏。平湖县新带市,因盛产鱼米花布,徽商纷至沓来。乌程县乌青镇,但凡是做茶叶生意的,俱系徽籍。南汇县周浦镇,明万历年间就有新安布商持银六百两前往贸易的故事。竹桥镇则有休宁人张恒卿在经理典业。秀水县濮院镇,则有休宁人汪应采往来其间。休宁商人程莹,明嘉靖时即寓居湖州之双林镇。程锁贸易于吴兴新市。陆远湖在太仓州璜泾镇设典庄。程文翊、吴赞在常熟县篆溪镇业典致富。歙人毕蕃昌在海宁县澉浦镇经营盐业,遂定居于此。休宁人汪杰在吴江县平望镇有典铺。绩溪人王泰邦贾于苏州周庄镇。其他如乌程县南浔镇、德清县新市镇、长兴县泗安镇、归安县双林镇等地均有徽商活动的身影。此外，休宁詹仰之、汪鋐、孙从理、程锁，歙县张翰、方文箎、吴荣让、方勉柔、吴良儒、程正奎、吴午庆、孙文郁、许国之父许铁等一大批徽州商人活跃在镇江、常州、宜兴、无锡、昆山，或在松江、嘉兴、湖州，纷纷从事商业活动。万历时期，徽人方文箎看到常熟居江海之会，有湖山膏腴之产，凡鱼鳝米盐布缕之属，羡衍充斥，闾阎富乐，商机很多，于是便占市籍，督诸子，连岁贸易于闽粤间，遂得大富。诸如此类的现象，均说明了徽商对当地市镇发展所产生的巨大影响。

苏州周庄古镇——明清时期很多徽商在此经营

进入明末，伴随着江南经济走向高峰，徽商在该地区更为活跃。嘉靖时期，徽人阮弼、黄钟、潘汀州、江五公、汪季公、许尚质、程次公等人，皆在江南等地从事大规模贩运贸易。休宁商人胡正言、汪以振，歙县蒋振民、婺源李延芳等人则纷纷进入南京，称雄一方。在杭州，歙县商人吴汝拙、吴介甫、钟鼎卿、汪才生，婺源李廷玑，绩溪章献钰都营运此地。徽商在这些地方的活动，乃至有"松民之财，多被徽商搬去"，

无徽不镇

"新安之富家,行贾多在武林"这样的说法。

　　入清以后,江南地区在经历短暂的衰落后迅速走向复苏,并逐渐发展至历史的顶峰。这一时期,徽商已呈垄断之势,如嘉定县诸翟镇,清中叶因徽商与各省布商先发银给布庄,然后再收购其布,从而抬高了布价。在一些徽商定居较多的市镇上,纷纷建立了徽州人的同乡组织——会馆公所。徽商在江南所建会馆之多,是其他任何商帮所无法望其项背的。如南京马府街有新安会馆,太平街栏杆桥、上新河各有徽州会馆。在清嘉庆以前,徽商在吴江县盛泽镇设有义冢,嘉庆十四年(1809),徽商与邻邑旌德县商人共建徽宁会馆。而在另外一些市镇中,虽然没有徽州人的会馆公所,却有同样为徽州人所建的义所、义园。在鸦片战争以后,徽商已经逐渐走向衰落,但在江南市镇中,徽商的活动依旧十分活跃。清末民初,盛泽镇上的济东、任城、山西等多所会馆,已经随着其商人势力的衰落而倾颓,原有的徽宁会馆却仍保存了下来。而诸如南浔镇的新安会馆、长兴泗安镇的新安公所等处仍在修建。

清代苏州安徽会馆

三、徽商与江南市镇贸易的发展

在徽商贸易的货物中，以棉、布、米等为大宗，这些商品，在江南市场中占据着重要的角色，并且在不同的地理环境与生产条件下扮演不同的角色。下面分别介绍徽商在江南市镇经营的主要行业。

丝绸业

江南杭嘉湖地区以丝、布为大宗。湖州一府、杭州、嘉兴府的大部分地区，苏州府西部及环太湖方圆千里之域盛产丝绸。湖丝是明代的主要商品丝，而湖、杭、嘉、苏四府及南京则是明代主要的丝织品产地。明人有言："东南之机，以三吴、闽、越最多，取给湖茧；西北之机，潞最工，取给于阆茧。"湖丝近则销往苏、杭、南京，远则至福建、广东，并输往海外。关于江南丝和丝织品输往外地，小说《二刻拍案惊奇》中有记载："国朝天顺甲申间，浙江有一客商，姓蒋，专一在湖广、江西地方做生意。……他原卖的是丝绸绫绢、女人生活之类。"可见浙江客商携带丝织品到湖广、江西去销售。

杭州清河坊是明清时期的商业繁华区，不少徽商在此经营

无徽不镇

　　以当时的杭州府为例。杭州地理位置特殊,京杭大运河即以其为起点直达北京,沿途的苏州、无锡、扬州、临清、天津等城市,都与杭州发生商品交换关系。同时杭州又是一个对外贸易港口(乍浦),明中叶赵子明与明末清初郑成功均由此将丝织品用船贩销到日本等地。这样一个商业繁荣、交通便利的大城市,自然会吸引着各地商人来此经商,"虽秦晋燕周大贾,不远数千里而求罗绮缯币者。"徽商只要沿新安江东下,便可直达杭州,十分便捷。所以明清时期大批徽商来到杭州,杭州又是一个商业城市,郡城内外店铺罗列几乎有四十里长。其城市本身是丝织、棉布、锡箔等手工业生产中心之一,丝绸产品深受国内外的欢迎,市场十分广阔,丝绸棉布行销全国。北方宣化、江西铅山、西南诸省都有杭州丝绸产品出售或专售杭绸的商店。日本人所用商品中亦有来自杭州附近长安镇所产者,日本史籍记载:"妇女须脂粉、扇漆诸工须金银(箔),系武林(杭州)造也"。

棉布业

　　棉布产量,以松江府(今上海)为最,次则嘉定、常熟二县。据史料记载,仅松江一府,"所产布匹,日以万计",号称"衣被天下"。明末清初人叶梦珠所著的《阅世篇》对当时上海县棉布的运销有相当详细的记载:"棉花布,吾邑所产,已有三等,而松城之飞花、尤墩、眉织不与焉。上阔尖细者曰标布……俱走秦、晋、京边诸路。每匹约值银一钱五六分,最精不过一钱七八分至二钱而止……其较标布稍狭而长者曰中机,走湖广、江西、两广诸路,价与标布等。前朝标布盛行,富商巨贾操重资而来市者,白银动以数万计,多或数十万两,少亦以万计。"

木材业

　　徽州盛产木材,冬时砍伐,到夏季时通过水运运出,"寄一线于波涛巨浪中",至浙贩卖,获利颇巨。其线路,"出浙江省,由严州;出江南者,由绩溪顺流西下,为力甚易。"浙江严州府也是一个盛产木材的地方,靠近徽州,徽商也插手于严州的木材买卖活动。开化县"民间惟栽杉木为生,三四十年一伐,谓之拼山"。由于资金过大,本地商人无力开发,只得依靠资金雄厚的徽商前来拼山伐木,当地老百姓就是依靠出售山木缴纳赋税,维持生活。

苏州枫桥——明清徽商在此经营米粮业

米粮业

杭嘉湖一带入明以来,由于广植桑棉等经济作物,变成缺粮区,每年需从湖广等地购进许多粮食。徽州米商几乎垄断了江南粮食市场,他们财力充足,大都是从长江中上游的四川、湖广(湖南、湖北)购粮运到江浙市场,以缓解江浙缺粮的状况。徽州粮商广泛活跃于苏州市镇的米粮市场,如苏州米粮集散中心枫桥、平望镇,就有许多徽商往来。吴江县的盛泽镇,向来"商贾辐辏,虽弹丸地,而繁华过他郡邑",这里聚居了大量的徽商,"皖省徽州、宁国二郡之人,服贾于外者,所在多有,而盛镇尤汇集之处也",至光绪时,盛泽镇的徽商依然非常活跃,该镇共有米业字号(米行)四十四家,其中徽商汪姓开设的字号就达十一家之多。

茶业

明清时期,徽州茶商一般以某一城市为总庄(基地),在周边城镇广设茶庄,进行辐射状经营。嘉庆时,绩溪人王泰邦在周庄镇经商,春季贩茶叶,冬季卖海货,经营筹划,获利丰厚。他推广营业,扶植后进,慷慨好义,每年必储备巨额资金用于救灾恤贫与造桥修路等公益事业。在近代上海,徽商中实力最强的首推茶商。他们将徽茶运抵上海,设茶号茶庄,开茶店茶栈。除内销外,徽商还将大量茶叶卖给外商,销往欧洲市场。据史料记载,仅清光绪二十一年(1895),徽州外销的绿茶和红茶就有约一千三百二十万斤,其中绝大部分都是由徽商运往上海销售的。清末至民初绩溪人在上海设有茶号三十三家。而到抗日战争前夕,徽商在沪经营茶叶的商号更是数以百计。如黟县人在天津路开设的"公兴隆"、绩溪上庄余川村人汪立政于清咸丰元年(1851)在河南路(上海旧城老北门)开设的"汪裕泰"等都是经营绿茶

享有盛名的上海徽商汪裕泰茶号

出口贸易的著名茶栈。其中,"汪裕泰"规模最大,下设六个发行所,经营三十多个品种,号称"茶叶大王"。创始人汪立政"创汪裕泰茶肆于沪南,公(指汪立政)练达世务……不欺一诺(意为非常守信)。以是所业隆隆日上,闻誉交驰。前后三十年间,相继于上海、苏州、奉贤等处创列九肆(店铺)"。

饮食业

到了清代,徽商除了经营大宗商业项目以外,徽州饮食业也开始崛起,他们进军长江中下游各大城市。杭州为旅游胜地,游客不绝于途,饮食小吃也必不可少。清代晚期在杭州城内有徽州馆店"所卖为颇具徽州风味的"小碗面,"每碗十八文",上加肉片蛋皮虾仁等物,碗大味鲜,可以让量浅者饱食一顿。也有素面店,每小碗十文,加上素丝点心;净素小菜面汤每个二文。上海开埠以后,上海居民大增,绩溪人所开的徽州菜馆也大举进入上海滩。上海大东门的"大辅楼"、海宁路口的"海华楼"、小东门的"醉白园"、九江路的"太和园"以及福州路上的"中华第一楼"等,都是上海滩著名的徽菜馆,这些徽州菜馆既有高档菜肴,也有大众化菜谱,菜馆既有鲜明的徽州特色,也照顾到当地百姓的口味。因此,徽州菜馆深受各层次顾客的欢迎。

盐业

扬州是明清时期两淮盐场盐政机关所在地,故大批徽州盐商聚集扬州,形成垄断之势。他们控制了两淮食盐的生产与销售,积累了巨额的财富,据《五石

清代两淮盐业生产(雕塑)

无徽不镇

脂》载："徽人在扬州最早，考其时代，当在明中叶。故扬州之盛，实徽商开之。扬，盖徽商殖民地也。故徽郡大姓，如汪、程、江、洪、潘、郑、黄、许诸氏扬州莫不有之，大略皆因流寓而著籍者是也"。同时两浙盐场也是全国著名盐场，杭州是两浙盐运司所在地，因此大批徽商也来到杭州，经销浙盐。

典当业

典当业也是徽商经营的主要行业之一。业典尤以休宁商人最为著名，"治典者亦惟休称能，凡典肆无不有休人者，以专业易精也。"徽州典当遍布全国，尤以长三角各城市为多，甚至在一些经济发达的小镇，也有徽州典铺。如徽商在杭州塘栖镇上从事典当活动，在嘉兴一带经营典当就更多，"新安大贾与有力之家……每以质库（指典当）居积自润。"在浙江嘉兴乌青镇，徽商就开了九个典铺，可见当时徽州典铺开设之普遍。

典铺

总之，在江南，无论是像南京、杭州、苏州这样有几十万、上百万人口的大城市，还是十几万人口的县城乃至上万、几万人口的市镇，都有徽商活跃的身影。他们将当地生产的商品历尽千辛万苦运到全国各地销售,又不远千里从外地将大批粮食、木材等运进来,以满足本地百姓的需要。徽商的商业活动,极大地推动了江南商品经济的发展和繁荣。所以才有"买不完的松江布,收不尽的魏塘纱。"这样的民谚出现。之所以"买不完""收不尽",这正是商人的功劳。正是商人的积极参与,江南经济活了,人们也富了,社会也进步了。可以设想,如果没有徽商和其他地方的商人进行商品贸易,那么本地生产的棉布、丝绸卖不掉,百姓急需的粮食和木材又买不到,那将会是一种什么样的场景? 所以,徽商的作用是不言自明的。

四、徽商与长江流域的市镇

汉口位居长江、汉水交汇处,号称"天下之中"。由于汉口周围水网密布,水路交通十分便捷,四通八达,所以自明中叶始,汉口就逐渐成为大宗商品的集散地。至清代中叶,汉口就发展成与河南朱仙镇、江西景德镇、广东佛山镇齐名的全国四大名镇之一。

汉口不仅水路交通发达,陆路交通也非常顺畅。通过水陆两路,可连接周边很多省域,故自古就有"九省通衢""八达之会""七省要道"的美誉。

具有如此"地利"优势的汉口,自然吸引了大批徽商前来"淘金"。徽州府与汉口相距不远,交通也不困难,据徽商黄汴编纂的《天下水陆路程》一书中"徽州府至湖广域路"条中所示,从本府经休宁县、池州府、安庆府、太湖县,即可达湖北黄州府(今湖北黄冈),再利用水路便可迅即抵达汉口。

早在明代成化年间(1465—1487)就有徽商来到汉口开始经营,之

无徽不镇

清代汉口码头

后越来越多的徽商蜂拥而至。今日汉口最繁华的中山大道，就是徽商当年的聚集区。在商业竞争激烈的形势下，清康熙七年（1668），由徽州府六县商人在汉口镇初建了新安会所，作为徽人联谊之所、议事之处。徽州商人以此为基础，扎下根基。随着汉口徽商实力不断增强，财力日益雄厚，又先后修建了魁星阁、紫阳坊、新安书院等建筑。尤其是雄伟高大的魁星阁，成为汉口标志性建筑。乾隆年间又修建了新安街道，还新建房屋出租，租金作新安书院的春秋祭祀费用。很多人力车、搬运工人、小商小贩也在此觅地搭棚栖身，据今人刘富道著《汉口徽商》载，兴盛时期的汉口，徽商从业人员达数十万之众，大型店、铺、馆、所、庄、厂（场）等有三万五千多家（个）。汉正街的商人一半是徽商，自明成化到民国四百五十多年间，数百万徽商入驻汉口，在中国历史上简直是个奇迹。因此，这一带逐渐兴盛起来。后山陕会馆、岭南会馆、宁波会馆、江西会馆等纷纷落户此地，行栈、商店及各种手工业云集于此，这里便成为著名的新安市场。至今，新安市场所在的新安街、大夹街一带，仍是闻名全国的汉正街小商品市场的中心地带。

汉口不仅是长江中上游的商业中心，也是商品转输之地，不仅徽商聚集于此，而且各地商帮也多看重这个商业城市。因此，明清时期直到民国年间，这里又是一些商帮角逐的大市场。徽商就是在这个激烈的市场竞争中日益强大,并涌现出许多名满江城的大商家。下面便将整个武汉地区徽商经营的主要行业分而述之。

茶业。茶叶贸易是武汉交易较频繁的行业之一,徽商在武汉该项贸易中有着举足轻重的作用。早在明代,徽州商人已经将各种徽茶运销汉口。清代汉口设有徽州茶行、茶号,专售徽州茶叶。他们将徽州的茶叶运至武汉,售给晋商,然后由晋商贩运至西北各地。徽商还在武汉直接开设店铺经营茶叶生意,如婺源茶商王元化"出贾汉阳,家渐裕,偕其侄业茶于汉"。鲍元义"与兄元羲贩茶"于湖北武惠镇。前者为坐贾,后者为行商。随着城市的繁荣和饮茶风气的普及,汉口也像北京、苏州一样,供市民饮茶的茶肆、茶寮如雨后春笋般出现了。康熙以后,汉口的后湖就是茶肆、茶寮最集中的地方,成了汉口的胜地之一。

药材业。药材也是徽商在汉口经营的行业之一。他们或者在药材产地采买大量药材运到汉口发卖,或者从汉口他人手中购买药材再转运到他地销售。此外,也有徽商在汉口开办药店。如号称"中国四大药店"

20世纪初"叶开泰"药铺

之一的"叶开泰",其创始人叶文机就是徽商,明末自溧水迁来汉口后,经过几代人的经营,"叶开泰"便成了集批发药材和零售药品于一体的大药店。

盐业。盐业历来是徽商经营的主要行当。由于明清时期,两淮盐

无徽不镇

场产盐最多,盐利最大,因而成了徽商竞相逐利的行业。湖广地区是淮盐最大的销售地,每年有大量的淮盐要运到汉口,再转运各地。从明朝中期起,徽商便活跃于汉口地区,从事食盐贸易。光绪《两淮盐法志》中云:"两湖(指湖南、湖北)户口繁殖甲天下,承平时,淮盐引岸,楚省称最","汉口商人称盐行为百行之首"。

木业。徽商在武汉经营的另一重要行业是木材业。湘、鄂、川、黔都有繁茂的森林,其中有很多珍贵名木。明中叶后,由于市场的大量需求,很多徽商都深入到这些林区采购木材。湘黔地区的木材大多经沅江至常德转运至汉口,鄂西地区的木材可经汉水运达汉阳,四川的木材则可由长江顺流而下,直抵汉口。汉口便成了各地木材的集散地。徽商再从汉口将这些木材顺江而下,运到下游各地销售。

米粮业。入清以后,湖广经过大开发,成为"天下第一出米处",因而国内的粮食生产格局由原来的"苏湖熟,天下足"变为"湖广熟,天下足"。而今天的"长三角"一带,即江苏、浙江各地由于大量地"弃稻种桑"或"弃稻植棉",却从原来的产粮区变成缺粮区。粮食生产格局的变化带来了粮食贸易的巨大商机。徽商及时抓住这一商机,将四川、湖广的米粮运抵汉口,再由汉口顺江东下,转运江浙。这样,汉口又是粮食商品集散地。如休宁商人吴鹏翔在四川湖广间进行粮食贸易,一次从四川运米至汉阳达数万石。两淮的徽州盐商也兼营粮食贸易,他们将盐由仪征运至汉口,返程时,利用盐船回空之机,从汉口采买粮食,所谓"徽商载盐而来,载米而去",大大节省了运费,获利更多,在西粮东运中具有举足轻重的地位。

典当业。凡是商业发达的地方,也是典业集中之地。明清时期,很多徽州商人也来到汉口开典经营,甚至独擅其利。歙人许承尧称:"治典者亦惟休(宁)称能"。清光绪年间,日本人专门调查沪汉各地商帮的情况时曾说，典当的朝奉（掌柜），大多由徽人担任。

另外，徽商也插足武汉的钱庄票号业。民国以前，徽州人在武汉经营的票号钱庄

钱　庄

势力不大，仅有二三十家小型钱庄。民国后，武汉徽商大为兴盛，匹头、棉纱、衣典等各大行业，几乎为徽帮独占。贸易既大，收解款项就多，不愿假手于外帮的徽商，于是自组钱庄，办理本帮收交款项，这些钱庄随着徽商势力的日益扩大，也日趋发达。有些徽帮钱庄的老板在武汉商界颇有名望，在汉口历届商会中担任要职，如孙襄其、孙理和、余德馨三人均为汉口商会多届会董，后因近代银行业的兴起，钱庄逐步退出金融体系，被银行所取代，徽商钱庄势力在武汉也随之消亡。

另外，值得一提的是制墨业。徽墨是我国文房四宝之一，有一千多年历史，在史上享有盛誉。康熙年间，徽州绩溪人胡天注创立"胡开文"墨庄，以独特的配方、上等的原料和一丝不苟的工艺，生产的墨一炮打响。此后，他又采取了"分家不分店，分店不起桌"的原则，确保墨业生产始终控制在继承人手中，制墨技术、质量不断提升。胡开文的墨被誉为"坚如玉，纹如犀，黑如漆"。到晚清，胡开文的分店遍及大半个中国，尤其是长江中下游各大城市。同治年间，胡氏五代传人胡祥善来汉，开设胡开文贞记墨店。前店后厂，礼聘技术高手掌作，雇有墨工十余人，始以胡开文传统配方和工艺生产墨块。不久，上海胡开文

墨店也来汉口开设分店,与"贞记"一道在汉口制墨业中占据了重要的地位。当时,老胡开文香墨被名人学者视为珍宝,在国内外享有较好声誉,产品行销全国,远销日本和东南亚。宣统元年(1909),在武汉劝业进会上,汉口胡开文香墨获三等奖。

五、徽商与运河区域的市镇

大运河示意图

徽商除了在江南各市镇活动外,还活跃在大运河沿线各市镇。

隋朝开通的大运河,确是南北交通的大动脉,在唐朝发挥了极大的作用。由于隋炀帝迁都洛阳,所以那时的大运河一直修到洛阳,再从洛阳修到北方的涿郡(今北京)。这对隋朝当然是非常有用的。但到了元朝定都大都(今北京),再看这大运河就会发现,要想把南方的货物从杭州经运河运到大都,就得先经过洛阳,再从洛阳运到大都,从地图上看路线成了"＜"形,确实绕了一个大弯。因此元朝统治者决定将大运河路线取直。先后挖通了北京到通县一段,称为通惠河;又开通山东临清到东平一段,称为会通河;开通东平到济宁一段,称为济州河。这样就把运河航线基本取直了。从此,从杭州到北京的运河距离比原来缩短了900多公里。这就大大便利和促进了南北之间的商品贸易。

到了明代，政府修建了洪泽湖大堤和高邮湖一带的运河西堤，并在运河东堤建平水闸，以调节运河水位，从而保证了大运河的畅通。南来北往的徽商正是在这条大动脉沿线的市镇上书写了辉煌的篇章。

在运河沿线，有三个市镇是徽商最为活跃的地方。

临清。临清是大运河中段的一座城市，地理位置非常优越。它处于会通河与卫河交叉口，北可到天津、北京，南可抵苏州、杭州，西可达汴梁，从而成为南来北往、东去西行的交通咽喉，运河沿线重要的商业中心。山东的一些农产品很有优势，如棉花，据方志记载："棉花六府皆有，东昌尤多"，临清所在的东昌府棉花产量高，质量好。东昌府还盛产梨枣，素有"千亩之家千树梨枣"之称。因此，东昌府及其他各地所产的棉花、梨枣、大豆等大多运到这里再转运到南方销售，南方出产的棉布、丝绸、茶叶、瓷器等也运到这里中转，再运到北方各地出售。临清实际上成为大运河沿线最大的商品集散地。据当今学者研究，明代和清代临清城内店铺的数量起码在五六百家以上，清代则更多些。如果再加上各种类型的市集商贩、作坊店铺，临清的大小商业店铺可能达到千余家。可见临清商业的繁华景象。

临清商业的繁华自然有徽商的功劳。明代中期徽商大规模崛起后，就有不少徽商看到临清蕴藏的巨大商机，把这里当成驰骋的舞台。据明代万历年间修纂的《歙志》记载："今之所谓都会者，则大之而为两京，江、浙、闽、广诸省；次之而苏、松、淮、扬诸府；临清、济宁诸州；仪真、芜湖诸县；瓜州、景德诸镇……故邑（歙）之贾，岂惟如上所称大都会皆有之，即山陬海壖，孤村僻壤，亦不无吾邑之人，但云大贾则必据都会耳。"可知临清是歙县商人的重要活动据点。如歙商李君虽定居在嘉定南翔，"亦时时贾临清"，嘉定府南翔镇是著名的棉布产地，周

无徽不镇

徽商广告

围四乡所产的刷线布，又名扣布，光洁厚实，畅销远近。显然李君是将南翔收购的布匹长途贩运到临清销售。嘉靖时歙人郑富伟与其兄"东游吴淞，北寓临清，逾四十年"，吴淞就是当时的松江府，也是盛产棉布的地方。郑富伟在吴淞和临清两处活动四十多年，显然也是经营棉布生意，结果，他"累赀甚巨"，发了大财。嘉靖万历间歙人吴柯，起初读书，盼望科举入仕，但科举这条路好比千军万马过独木桥，成功率不到百分之一，所以吴柯屡屡科场败北，于是弃儒经商，经人指点，也许就是同乡人引路，到临清经营，他"择人任时，老贾六十余年，十致千金"。看来他非常善于经商，也因为临清确实商机多多，所以能够致富。还有歙县人许道善也在临清经商，"致富千金，卓冠商流。"像这样的例子还有不少。当然临清不仅仅只有歙县的商人，也有徽州府其他各县的商人。如明代前期就有祁门商人张广世，就是"游临清，逾淮扬"，也是靠做长途贩运生意起家的。

　　徽商在临清不仅仅是做棉布生意，也有不少人从事典当业。徽商业典是出了名的。盐典茶木向来是徽商的支柱行业，歙人许承尧在《歙事闲谭》中说："治典者亦惟休称能。凡典肆无不有休人者，以专业易精也。"休人就是指徽州休宁县人。因业典必须识货，否则别人拿来假货出当,你当作真货贷钱那就吃大亏了。货物成百上千种,如何识别假货,既有诀窍,也有经验,这些往往是保密的,只能是内部一代代相传,因而形成典业世家。临清既然商业那么繁荣,资金借贷现象必然很多,典当铺也就必不可少了。乾隆《临清州志》记载:明清临清的典当铺,"旧有百余家,皆徽浙人为之。"可见,不少徽人在此经营典业。小说《照世杯》载,徽州商人江秋雯在临清开有两个典铺。其中写道:"小弟姓江,号秋雯,原籍是徽州。""小弟有两个典铺,开在临清。每年定带些银两去添补。"小说虽是虚构的,但它是现实生活的反映,可见徽商在临清开典,已是很普遍的现象了。徽商还在临清经营酱园业,乾隆年间,徽商汪永椿在临清看到每年漕运夫需要购买大量咸菜或酱菜携之船上食用,于是看到其中的巨大商机,创办了酱园,号"远香斋"。"远香斋"的

民国当票

酱菜美味可口,十分受人欢迎,畅销远近。不久就成为名闻遐迩的著名商号。翰林学士甄梦龄还亲自为"远香斋"题写号名,可见其当时影响之大。"远香斋"后改名济美酱园,不断发展壮大,直到今天,仍在经营,成为名副其实的二百多年的老字号。

徽商在临清人数之多,还可从两个事例反映出来:

一是徽商"占籍"的出现。古代科举考试规定,考生必须在原籍报

考。会试自然统统要到京城考试,但乡试则要到省城考试。按此规定,徽人如参加乡试就必须到徽州府所在的南直隶省城——南京参加考试。在临清经营的大批徽商,他们的子弟往往就随父兄来读书,如要再回到南京参加乡试,因路途遥远,来往非常不便。因此,徽商就希望自己的子弟能够在当地参加乡试,但这在一般人来说是不可能的事,就像今天我们能够让子女到任意一个地方参加高考吗? 当然是不可能的。而临清徽商却办到了,他们的子弟可以在当地省城参加乡试,这叫"占籍"。史料记载:"山东临清,十九皆徽商占籍。"别人根本做不到的事,徽商却做到了,说明临清徽商人数之多,势力之强。

一是徽、苏"义冢"的设置。那时徽人出门经商,往往几年、十几年甚至几十年一归,俗话说:"在家千日好,出门时时难。"经商在外,什么情况都可出现,尤其是生病,往往得不到及时医治而病亡,这是经常发生的事。一旦病故,身边又无亲人,加上离家遥远,灵柩根本就无法运回家乡,在这种情况下必须就地安葬或者临时厝放。在临清的徽商肯定经常会遇到这种情况。而安葬必须要有地方,当时地各有主,是不能随意安葬的。于是,徽商联合苏州府商人买了两处土地作为"义冢",共占地30亩,使得死者"寄榇有屋宇,葬地有封识",而且这两处"义冢"只能徽州商人和苏州商人使用,他处商人不得占用。这也说明在临清的徽州商人之多,势力之大。

总之,在临清的徽商是所有客籍商人中人数最多的,也是势力最强的,临清之所以成为16—18世纪北方最大的商品交易中心,徽商是做出了杰出贡献的。

济宁。济宁位于山东西南部,地处鲁苏豫皖四省交界地带,位置十分重要,正如当时人所说:"济宁当南北咽喉,子午要冲,四百万漕艘皆经其地。"明清时期京城要从南方通过运河调集四百万石漕粮,济宁是重要的中转站。永乐年间皇帝下令："苏州等处及徐兖送济宁仓，河南、山东送临清仓。"就是说从苏州、徐州、兖州调来的漕粮先送济宁仓库存放，然后再运往京城。济宁就成为漕运中的重要转运站和中心枢纽，政治地位不断上升。尤其是来往的漕船除运漕粮外，还允许漕夫携带一定数量的南方土特产沿途发卖，这样大批各种各样的货物也随着漕粮的中转而集中到济宁。由于这里又是交通要道，吸引了四面八方众多商人来此贸易。所谓"其居民之鳞集而托处者不下数万家，其商贾之踵接而辐辏者亦不下数万家"。不仅是南方出产的棉布、丝绸、瓷器、木材、纸张、毛竹源源不断地集中到这里，然后再向四处转运，同时还

山东济宁崇觉寺塔

可把省内泰沂山区、鲁西平原直至苏北丰沛萧砀等地区汇聚的各色土特产品，如棉花、豆类、梨枣等集中在济宁码头装运，沿运河南下输往江南以及其他地区。

　　这当然是一个充满商机的地方，徽商自然闻风而至。早在明代中期就有不少徽商来此经营。明正德嘉靖年间歙县竦塘黄诏就"挟赀远游淮泗齐鲁间，躬握荼苦，先业复振"。所谓"淮泗齐鲁"，肯定包括济宁在内，他做的是长途贩运生意，经过艰苦奋斗，终于发家。徽州人宗族观念较强，一旦某人在某处发迹或发现商机，一定会召引本族之人

也来经营。所以与黄诏同时同族的黄谊"稍长贾于闽、鲁",他肯定是将福建所产的一些物品如木材、铁器等运到山东,当然也包括在济宁销售。同宗黄玄赐也是长期在齐鲁和吴越之间做长途贸易,"有声吴越齐鲁间",在这一带非常有名,可见生意做得很大。歙县潭渡人黄镛,"商游闽、越、齐、鲁者三十余年,十一取赢,赀大丰裕。"显然也是个大商人。歙县潜川人汪伯龄出身商业世家,先世饶裕,后来中落。其父力图重振家业,先在安徽繁昌做小生意,积累一定资金后,"转而之齐鲁间,赢得以数千计。"还是到山东经商发了财。在芜湖开办染坊的徽商阮弼,由于染出的布质量好,很畅销,于是他扩大生产规模,他的商品销往外省各地,"其所转毂,遍于吴、越、荆、梁、燕、豫、齐、鲁之间",成了一位闻名遐迩的大商人。

由于山东商品经济发达,商机众多,据记载,当地及周边百姓,"服食器用,鬻自江南者十之六七。"所以精明的徽商一般都能致富。如明嘉靖时人徽商许秩,先经商河北,后又做闽广至兖冀之间的转贩贸易,十来年下来,资本"殷殷盛矣"。但他并不满足,又"自青齐入湖湘。明年,复自湖湘北上,致息数倍"。在外闯荡二十年,大多离不开山东。回家时已经"资财甲于乡"了。也许他在经商中悟到山东的商

明代绸缎铺

机,所以在家只住了两个月,不顾家人劝阻又出发了。这次他"买舟浙江,溯流而上,直达成都,历川峡之胜,迁厥物产于齐鲁间,如是往来者再,资用益饶"。他把四川的物产运到齐鲁销售,再把齐鲁的物产运到四川销售,终于成为大富。

长途转运贸易,利用地区差价,虽然极其辛苦,但是获利还是颇丰的。当然也有不少徽商不是长途转运,而是就在当地经商的。前述徽商黄玄赐虽也做长途贸易,但主要时间还是留在齐鲁,由于他在经营中,"临财廉取与义",深获众人好评,齐鲁人说他"非惟良贾,且为良士焉",决没有将他视为一般的商人,而是非常尊敬他。

正因为徽商在济宁经营者很多,所以他们共同建立了会馆,作为徽商畅叙乡情、联络乡谊、研究商务的场所。由于史料阙载,估计在明时称徽州会馆,到了清代安徽独立建省后才改为安徽会馆,据当地老人回忆,在济宁外省建的会馆有十几个,而安徽会馆规模最大,建立时间最早,建于明中期。坐落在济宁旧城南门外、紧靠运河的福瑞街,有七进院落,八十余间厅、堂、楼、室。高悬会馆大门门楣的"安徽会馆"木质大匾,据说这四个字还是清朝重臣李鸿章亲手所书,可见那时徽商在济宁的势力还很大。道光初年,长期在济宁经商并定居于此的徽商汪氏还在济宁东关修建了一座占地一千五百平方米私家园林,号为"汪园"。园内假山矗立,流水潺潺,有亭有台,错落有致,徽派雕刻,时时可见。

淮安。淮安是大运河上的又一重要城市,地扼南北大运河之腹心,黄河、淮河、运河交汇于其西北之清口。府内河湖交错,水路发达,正如史料所记载的:"淮(河)泗(水)布列于西北,山海布列于东南,固通(州)泰(州)而屏苏(州)松(江),通齐、鲁而达汴、洛。"这样的地理位置,不仅是漕粮运输的重要码头,更是南北商货的集散地。尤其是在

无徽不镇

明清,由于政府的盐业政策,这里更吸引四面八方的盐商蜂拥而至。

淮安临海,是重要的产盐之地,也是淮北纲盐囤积之地。明清两淮盐场是全国最大盐场,产量最高,质量最好,销售最广。"两淮盐课(即盐税),足当天下之半"。明代弘治年间,改革盐法,只要纳银运司,即可获得盐引。而两淮都转运盐使司治所在扬州城,下辖三个分司,其中泰州、通州二分司皆位于淮南,为淮南盐运分司;淮安分司则地跨淮河南北,治所设在淮安府安东县,为淮北盐运分司。淮安城西北的河下镇又是淮安批验所所在地,后来因黄河泛滥,淮北盐运分司也迁到河下镇。这两个重要机关都在河下镇,所以凡是经营淮北盐业的商人也就都来到河下,河下也就随之繁荣起来。

淮安漕运总督府

如果说一开始还有一些晋商也来到河下的话,那么明中叶以后徽商就占绝对优势了。大批徽商来河下定居,最著名的要数程量越一支,他的哥哥程量入是淮南盐务总商,对盐务非常熟悉。量越有九子,孙曾繁衍,他们或则读书,或则业盐,发展到清初,河下业盐者著名的十三家,全是程姓,皆极豪富。

徽商聚居河下业盐,带动了河下的各种服务产业。钉、铁、绳、篷,百货骈集。久而久之乃至出现很多专业市巷,如花巷、竹巷、茶巷、铁钉巷、干鱼巷、锡巷、粉章巷、羊肉巷等,专业化的市场也出现了,这里有柴市、鱼市、牛羊市、猪市等等,他们基本上都是为盐商服务的。

盐商多能致富,他们致富后为了自娱也为了娱人,开始修建园林,河下在三百多年时间里先后兴建了一百多座私家园林,其中大多是徽商所建。如清初盐商程朝宣的柳衣园、典商汪垂裕的九狮园、清中叶盐商世家程嗣立的菰蒲曲、盐商程云龙的师意园、程兆庚的宜园、程埈的可继轩、程茂的晚甘园、程鉴的荻庄等等,不一而足。这些园林建筑之妙、山水之美、花木之多,令人惊叹。时人认为,当时河下园林完全可以和扬州媲美。有诗曰:"扬州千载繁华景,移至西湖嘴上头。"西湖嘴是河下镇的别称。每逢元旦、元宵、花朝、端午、中元、中秋等节日,盐商都在园林中举行盛大宴会,款待四方官员、文人,并进行戏曲表演,还经常联诗吟赋,把酒当歌,呈现出非凡的繁华胜景。

以盐商程鉴的荻庄为例,此园林建于乾隆年间,此园三面环水,呈半岛状。其中五间架构的"廓其有容之堂"为其正厅,作为大型聚会场所。此外还有小轩平安馆舍、带湖草堂、绿云红雨山居、华溪渔隐、松下清斋、香草庵、春草闲房等建筑,可谓亭台阁榭,一应俱全。乾隆四十九年(1784)皇

淮安河下古镇今貌之一

帝南巡时,接驾官员打算把这里当作皇帝的临时行宫,后因经费不足而作罢。由此可知该园林的高级程度了。对荻庄时人有诗咏道:"轻舟棹入荻芦丛,篱竹弯弯曲径通。几处回廊烟渚外,一重古木画图中。"

再如菰蒲曲,园主程嗣立虽是个文人,但却出身于盐商世家,非常富有。园门以柴扉形式,颇具古意。门后小径,绿荫夹道,穿过小桥,便是籍慎堂,堂内藏有很多古书。园中还建有来鹤轩、晚翠山房、林芳山馆等。来到园林之中,看到"亭亭竹千个,落落梅数株"的胜景,登上来鹤轩,可谓"小阁一眺览,平远铺青芜",领略"野水环屋外,悠然风月俱"的意境,真是令人尘嚣顿无、心旷神怡。平时,"闲行玩鸟鱼,独坐拥图书",岂不正是文人雅趣之所在。

徽商兴建这些园林,倒不仅仅是为了自己享受,他们经常在园林中举行各种文人聚会,四方文人只要来到扬州、淮安,必然要游览这些园林,他们在一起凭栏赏月,把酒赋诗,或则漫步园中,辨析疑义。文人的每次游览或每次聚会,都留下了不少诗什和篇章,丰富了我国的传统文化宝库。

淮安河下古镇今貌之二

正是徽商在河下的聚居,彻底改变了河下的面貌,使一个本不起眼的小镇变成能和扬州媲美的文化市镇,不仅繁荣了河下的经济,而且提升了河下的文化品位。

徽商因在河下长期聚居,为了改善居住环境,他们投入大量资金进行基本建设,据清代人记载:河下可谓"高堂曲榭,第宅连云,墙壁垒石为基,煮米屑磁为汁,以为子孙百世业也。城外水木清华,故多寺观,诸商筑石路数百丈,遍凿莲花。……一时宾客之豪,管弦之盛,谈者目为'小扬州'",河下彻底改变了面貌。正因为如此,当乾隆南巡时,接驾官员才打算把河下作为皇帝行宫,并在盐商园林中举行御宴。后来由于经费筹措不足,此意作罢,但也可见河下当年的情景了。

贾而好儒的徽商还有着仁心济世的胸怀。每当社会发生自然灾害时,他们都会挺身而出,慷慨解囊,决不作壁上观。康熙十年(1671),江淮发生大水灾,盐城、高邮、宝应受灾尤其严重。大批灾民纷纷避难淮安。他们不仅衣食无着,而且露宿街头,情景惨不忍睹。淮安徽商程量越立即拿出大量资金,建房让灾民栖身。他们还联合起来,捐资助建地方慈善机构,如栖流所、普济堂等,救助大量灾民。乾隆十七年(1752)淮安又发生水灾,淮安知府钟衡计划筹资建立淮安普济堂,但只筹得二十余两银子,实在杯水车薪。在这种情况下,徽商程钟挺身而出,捐资建立普济堂,共有大小瓦房屋一百二十八间,安置灾民,并且寒者给衣,饥者给食,病者给医,殁者给葬。所活灾民何止一二十万。史载:"道路之间,欢声四达,民用以康。"

当时,外地人要想在当地入籍是比较困难的。很多商人在外地经营很长时间也难以在当地入籍,但由于徽商在当地做了很多好事,感动了当地政府和民众,所以得以顺利入籍。据光绪《淮安府志》记载,当年黄河决口时,眼看就要淹没安东城,侨寓安东的徽商程朝宣拿出

无徽不镇

自家的全部资产,用于救灾,终于保住了安东城。此一壮举感动了安东民众和安东政府,使徽州程氏最早在安东获得户籍。

淮安府署

河下因徽州盐商的辉煌而兴盛,也因徽州盐商的衰败而衰落。清代道光年间,政府改革盐法,首先在淮北废除纲盐制,推行票盐制,彻底打破了盐商的垄断地位,淮北盐商一落千丈,纷纷破产。《金壶浪墨》载:"改票后不及十年,高台倾,曲池平,子孙流落有不忍言者。旧日繁华,剩有寒菜一畦,垂柳几树而已"。咸丰十年(1860)北方捻军占领河下,焚掠一空,河下几成废墟一片。河下昔日的辉煌一去不复返了。

徽商与河下可以说一荣俱荣,一损俱损。河下镇的兴衰更加验证了人们"无徽不成镇"的说法。

第三章　徽商在市镇中的文化事业

明清时期,徽商在市镇中的贸易活动不仅促进了市镇、城市的商品经济与市场的繁荣,同时也繁荣了城市、市镇的文化事业与教育事业,为在此贸易的城市、市镇带来了丰富的文化生活。徽商在全国各地贸易的同时,有不少徽商因贸易而寓居外地,往往使得迁居地人文风气大为改观。

徽州商人有着贾而好儒的特点,徽商特别重视自身的文化修养。徽商中大部分人是有文化的商人,他们将自己的审美和品味带到了所在贸易的迁居之地。徽商重视自身,讲究文化修养,更重视对自己子弟的培养教育。徽商迁居到经营地之后,花重金培养教育自己的子弟,同时在不经意间带动了迁居之地的文教风气。徽商所在的迁居地大多在市镇、城市之间,那么这些市镇与城市也自然受到了徽商追求文化生活的风气与重视文教的风气的影响。

一、徽商在市镇中的文化生活

1.徽商的休闲文化活动

明清时期的徽商,具有较高的文化素质,对于自身的休闲生活很注重品味,体现了他们作为儒商的价值取向和当时商人的社会心理。

无徽不镇

文化商人程晋芳

他们的休闲活动促进了当时文化的发展和社会风气的变化。

明清徽商的休闲生活丰富多彩，其形式主要有：第一，读书交友。读书是徽州地区的优秀传统，也是徽商重儒的表现之一。读书提高了徽商的生活品位，增强了他们经营能力，促使徽商儒贾结合。交友使徽商不断扩大交际圈，为其带来了信息和客源，也体现了徽商作为儒商的处世风范。多数徽商闲暇以读书为好，他们在经商闲暇都爱好读书。这样的记载很多，如婺源人董邦直，兄弟五人，起初都学儒业，生计艰难，奉父命就商，经商之余，必携书盈箧。董邦直兄弟五人又好交友，经商三十余年，善交游，大江南北名宿时相往还，喜歌诗，兼工词，著有《停舸诗集》四卷，《小频伽词集》三集，为时人所称道。读书利于交友，交友更促进读书，读书交友促使徽商完善经营。读书、交友与经营三者在徽商身上得到了统一。第二，诗文酒会。明清兴起讲学之风，在此风气之下，徽商在经商之余多爱举办各种聚会，其目的有以文会友、延请官员、同乡联谊。徽商参与聚会的活动屡屡见于文人笔记与地方文献中。扬州是明清时期徽商的聚集地，诗文酒会最胜，尤以徽商主办的最为出名。还有如淮安河下镇，在此经营盐业的徽商资金雄厚，河下镇举办的诗文会社的聚会基本上都是徽商所主持的。第三，寄情山水。明清时期徽商足迹遍及全国各地，经商之余，名山大川便是他们驻足流连之处，触景生情时，少不了还会题诗书怀。如歙商郑孔曼，字子长，"少而游吴，中岁游梁楚，晚栖迟旧京，凡三徙，而所在贤豪长者争识子长。"在山水之间，徽商享受了自然之美，畅意抒怀。第四，品茗赏

清代扬州盐商与文人雅集图

剧。品茶看戏也是徽商喜爱的文化活动。明清时期，徽商经营的茶馆遍及全国，茶馆往往是徽商休闲聚会聊天场所，在茶馆里的聊天也能交换各地的商业信息。有的茶馆设有说书、演戏，增加娱乐氛围。徽商中财力雄厚者，往往还拥有自己的私人戏班，称为"内班"，著名徽商江春就有春台、德音两个戏班子。

徽商在市镇、城市中的休闲文化活动自有特色。

第一，凸显商人本色。徽商的文化活动以体现商人本色为前提。拿读书来说，徽商主要是通过读书学习和领悟经商之道。拿交友来说，一方面有助于商人声誉的提高和影响的扩大，另一方面便于市场信息交流。第二，追求儒士风雅。徽商内心深处的自卑心态，促使他们试图通过追求儒雅生活来提高自身的地位。中国封建社会中，长期存在士、农、工、商的"四民"观，士地位高，受人尊敬，生活儒雅。而商人地位低下。徽商汪庭梅就说自己"以商贾自秽"。徽商渴望摆脱地位低下的境况，因此徽商追求风雅品味，希望获得精神上的平衡。明清时期，由于商品经济的发展和繁荣，市民阶层地位上升，社会整体审美观念逐渐发生了变化，原先占主导地位的以表现温文尔雅、含蓄

内蕴为主的雅文化地位逐渐下降，而以表现直率袒露、粗俗外向为主的俗文化地位逐渐上升，尤其以戏曲小说的出现为标志。这一时期雅俗文化一定程度上趋向合流，人们的审美观形成雅俗共赏的态势。徽商休闲生活也因此具有雅俗合流的特色：一方面，徽商作为商人，是市民阶层的一部分，是俗文化的载体，俗的特色在其生活中必然处处体现；另一方面，徽商重儒的特色，使他们又不同于一般的商人，他们有较高的文化水平，崇尚儒雅的生活方式。从这一层面来说，明清徽商休闲生活也体现了士商合流的发展趋势。

徽商在市镇、城市中的休闲文化活动除了满足自身消遣余暇的需要之外，对于自身的发展、所在地社会文化的进步也起到了积极作用。

2. 徽商收藏引领城市风气

徽商的文化生活中，很大一部分是对图书、字画、古董的收藏。收藏是需要大量资金做保障，需要很高审美品味做支撑的，贾而好儒的徽商正好满足了以上两点要求。丰富的收藏活动也能带动一个地方的文化环境，正是有文化的徽商这种收藏活动带动了其在所寓居或迁居地的文化氛围。

明清时期，尤其是康乾盛世，徽商在经营获利后对文化充满兴趣，徽商中很多人开始钟情于收藏。徽商收藏的范围很广，第一项就是图书。这一方面是为了自己读书的需要，另一方面也是培养子弟的需要。所以徽商家中或多或少有一些藏书。更有一些徽商嗜书成癖，千方百计搜求各种图书，尤其是印刷质量上乘即我们今天所称的"善本书"，他们堪称藏书家。乾隆三十八年（1773）四库开馆，朝廷向全国各地征求稀见图书，当时私人进献古籍图书超过五百种的全国共四家，除了宁波范氏天一阁外，全是寓居外地的徽商藏书家，全国献书前十名中，徽州进献者居十之七。

扬州盐商马曰琯、马曰璐兄弟就是以"藏书家"名扬海内。他们在扬州自己的园林"小玲珑山馆"里建有著名的"丛书楼"。许多著名学者都经常光顾"丛书楼",当时文人对马氏藏书是非常推崇的。经营盐业的徽商鲍廷博也是一位藏书家,后定居桐乡青镇

盐商马曰琯、马曰璐兄弟兴建的小玲珑山馆

(今乌镇)杨树湾,建有"知不足斋"书屋。他不求仕进,但喜购藏秘籍,所收甚富。一个小镇,有这样一所书屋,藏书又如此丰富,小镇的文化品位立即上去了。歙县商人程晋芳在扬州业盐,也是酷爱藏书。自称从十三四岁起就千方百计搜求异书,得一书则置楼中,自己或与好友加上题识,并精心装潢,真是怡然自得。好友李情田知其所好,往往将从乡下得到的善本书专程送来,程晋芳能买则买,不能买则抄。后来他到京师做官,更是经常造访书坊书肆,遇有奇书,不惜代价买下。有时钱不凑手,竟然典衣以购。因此,"积三十年而有书三万余卷"。他的藏书楼上下六间,摆满图书,琳琅满目。还有一位商人名吴梦龄,歙人,侨寓江都。家世好藏典籍,多至十万卷。其他一些徽商虽然藏书不如上述诸人那么多,但也比较丰富。中国历代富有的商人多矣,但像徽商如此钟情藏书的也是很少见的。

徽商不仅酷爱藏书,而且还喜欢收藏前人字画、古董。这当然要

无徽不镇

唐代王维《江山雪霁图》

花更多的钱。从来字画、古董有市无价，全凭喜好程度。由于爱好所在，再多的银两也在所不惜。徽商收藏的书画，不仅数量大，而且精品多。据明末商人兼收藏家吴其贞记载，徽州收藏家程季白的儿子程正吉家中就藏有王维、赵孟頫的手卷和荆浩的立轴山水，如王维的《江山雪霁图》手卷、李唐的《晋文公复国图》、翟院深的《雪山归猎图》、赵孟頫的《水村图》手卷，还有书圣王羲之《行穰帖》的唐初摹本、王蒙的《秋丘林屋》题记等，可见收藏档次之高。徽商收藏历史上名家作品之多，令人惊叹。徽商收藏有时简直到了"痴"的程度，如歙人汪䜣庵自号印癖先生，经商侨寓杭州，不仅喜好藏书，尤酷嗜印章，他千方百计搜罗自周秦迄元明印章，至数万钮。听说钱梅溪先生藏有汉代"杨恽"二字铜印，汪䜣庵欲得之，钱不许，遂长跪不起，钱不得已，笑而赠之。其风趣如此。

徽商从明代中后期就钟情于收藏，从而带动了一大批人也加入收藏行列，并导致了社会风气的变化。明代文坛大家王世贞就曾经说过，苏州地区由于徽商的收藏导致元代画家倪元镇、明代画家沈周的作品价格高出原来十倍！瓷器中原来哥窑、汝窑贵重，而现在宣德、永乐、成化年间的好瓷器也比原来贵出十倍。可以说当时江南不少城市之所以兴起收藏风气,徽商确实起到了推动作用。

3.徽商刻书丰富城市文化生活

徽州商人的文化活动除了收藏之外,另一大项就是刻书。富有藏书的徽商大量刻书,将很多珍本、善本书刊刻面世,嘉惠士林。徽州刻书也给城市带来了很大影响。

徽州有着悠久的刻书传统。徽州刻书业兴起于唐末五代时期。宋元时期是我国

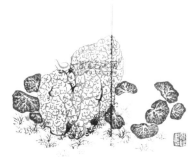

徽商胡正言所刻《十竹斋书画谱》

刻书业的黄金发展时期,为明清时期徽州府成为全国四大刻书业中心奠定了基础。

经元到明嘉靖,徽州刻书业已经形成一定规模,到了万历年间,呈现出一派繁荣景象。明清时期,徽州在很长时期里成为我国四大刻书中心之一。随着徽商在全国各地经营商业,徽州书商又来到城市,尤其是江南各大城市,徽州书商都建有自己的刻坊,刊刻大量图书在城市销售,增添了城市的文化色彩,也给城市读书人提供了极大的方便。比如在南京,就有徽商胡正言,在南京鸡笼山侧建有"十竹斋"书坊,以刻艺精湛、印刷色泽鲜明闻名遐迩,刊刻了大量图书,涉及版画、书法、篆刻、杂技、医学、诗文、传记等各方面内容,尤其是采用"饾版""拱花"技法印制《十竹斋书画谱》《十竹斋笺谱》,开创现代彩色印刷的先河,成为南京著名徽派刻坊。歙县人汪云鹏也在南京设立"玩虎轩"

刻坊,他能适应当时人们喜爱戏剧、小说的需要,广刻戏剧小说类图书,诸如《养正图解》《新镌红拂记》《琵琶记》等等,深受广大市民欢迎。徽人戏剧家汪廷讷,早年经营盐业致富,后倾心戏剧和刻书,在南京开设"环翠堂"刻坊,刻了大量图书,留传至今的就有四十余种一百二余卷,如《高士记》《衡舟记》《种玉记》《狮吼记》等各种传奇。他刻的图书以插图闻名,给人以耳目一新之感。另外南京还有郑思鸣的"奎壁斋"刻坊,也在书中插图,重金聘用著名画师丁云鹏作画、著名刻工黄奇镌刻,所以今天看来仍然是一幅幅版画中的精品。

徽商鲍廷博所刻"知不足斋丛书"

徽商开设的类似这样的书坊在其他城市中也所在多有。如杭州就有胡文焕的"文会堂",也是集藏书与刻书于一身,刊刻有《文会堂琴谱》《古器具名》《诗学汇选》等。杭州还有黟县汪氏开设的"振绮堂",前后几代坚持刻书,也刊刻了不少书。同样在苏州有徽州潘氏刻书,在扬州更有不少徽州盐商刻书,如黄晟、黄履暹兄弟,马曰琯、马曰璐兄弟、江春等都是著名的刻书家。

　　这些刻坊，大多是前店后坊格局，刻出的书就在店里销售。所以刻坊既是印刷厂，又是书店。我们知道，那时的城市没有博物馆、图书馆、电影院、大戏院，人们的文化生活主要就是读书了。徽商的这些刻坊，刊刻了大量各种类型的图书，满足了各层次读者的需求，丰富了城市的文化生活。如果一个城市没有书坊，人们买不到自己需要的图书，可想而知，城市的文化生活一定大为逊色。

　　特别值得一提的是清代在北京的徽籍人士程伟元，可以说是在中国文学传播史上立了大功的。乾隆晚期，社会上流传一本小说，就是曹雪芹的《石头记》，当时只是有"脂砚斋"批语的手抄本。这本小说先只有八十回，后高鹗补写了四十回。当程伟元读到这个手抄本后，立即被深深地迷住了，认为这样的小说一定要让它传播更广。于是在乾隆五十六年（1791）第一次将曹雪芹的八十回本和高鹗补写的四十回本合并，在自己的"萃文书屋"用活字版排印。卷首有程伟元序、高鹗序及绣像、木刻插图二十四幅，插图绘刻均出自程伟元之手，名为《绣像红楼梦》，后也称为"程甲本"。此书一问世，立即在社会上引起轰动，印刷的图书很快销售一

徽商汪原放出版标点本《绣像红楼梦》

空。由于需求量大,程伟元和高鹗于乾隆五十七年(1792)又重新排印,并根据新的手抄本对原"程甲本"做了两万余字的增补,这次的增补本人们称为"程乙本"。《绣像红楼梦》便成为《红楼梦》的祖本,被学术界认为是最接近曹雪芹原著风格的版本。这本小说的问世,使人们得以阅读到这部中国封建社会最伟大的小说,大大扩大了《红楼梦》的传播和影响。阅读《红楼梦》成为当时城市文化生活的重要内容之一。

如果说程伟元的活字印刷本《绣像红楼梦》开启了《红楼梦》大范围传播的第一步,那么汪原放的标点本《红楼梦》则更前进了一大步。汪原放是徽州绩溪人,十几岁时就到叔父汪孟邹在芜湖创办的科学图书社工作。五四运动前后,主要经销国内各地出版的有关新文化的书刊,对在城市宣传新文化思想起到了重要作用。1913年汪原放又随叔父去上海创办了亚东图书馆,虽然名为图书馆,但不是我们今天意义上的阅览图书场所,而是一个图书出版社,出版并发行各种图书。汪原放在亚东图书馆期间最值得一提的是用新式符号标点中国古典名著,并获得极大成功。此前包括《红楼梦》在内的所有古典小说都是没有标点的,也不分段,打开书的每一页都是黑压压的一片,令人难以卒读。当时胡适大力宣传新式标点符号,汪原放受其影响很大,萌生出要用新式符号标点中国古典小说的想法。胡适知道后,极力支持,热情鼓励,并应允为新标点的《红楼梦》写序。于是根据胡适的建议,汪原放以极其认真负责的态度,标点了《红楼梦》。汪原放使用了十一种标点符号:"。""," ";" ":" "?" "!" " …… " " —— " " "" "" ' ' " " ~ ~ ~ "明确标点符号的使用规范和助读功能。这些标点符号完全是汪原放的创新,其他出版社都没有使用过。标点分段后的《红楼梦》一问世,就受到广大读者的热烈欢迎。除了《红楼梦》以外,汪原放还标点了一系列其他古典小说,如《水浒传》《儒林外史》《西游记》《三国演义》《镜花缘》《水浒续集》《儿女英雄传》《老残游记》《海上花》等。这些新式古典小说的出版,极大地普及了明清文学,丰富了城市的文化生活。同时对推动新式标点符号的运用,也起到了非常好的示范作用。

大多数徽商一般多在大城市里设立刻坊大量刻书,但也有的徽商将刻坊设在府城、县城甚至小镇上。在徽州府城,就有黄德时"还雅斋"、汪应魁的"贻经堂"、黄正位的"尊生馆"、程大约的"滋兰堂"等刻坊,他们所刻之书不仅在府城销售,也运到大城市出售。前述鲍廷博居住在浙江桐乡乌

"知不足斋丛书"之一

镇,家有"知不足斋"书堂,藏有大量珍贵图书。鲍氏为了让这些稀见图书嘉惠更多的士子,决定将它们陆续刊刻出来。就这样,鲍廷博开始刊刻"知不足斋丛书",一集一集地出版。他去世后,他的儿子、孙子继续刊刻,在祖孙三代努力之下,共刊刻了"知不足斋丛书"三十集,受到了皇帝的嘉奖。一个小镇出版了这么多的珍贵图书,竟然引起了皇帝的重视,乌镇的知名度、文化品位自然得到大大地提高。

综上所述,明代隆庆、万历后,出现了一大批献身于刻书业的徽商。这些徽商在徽州府和寓居全国出版城市如南京、杭州、苏州、扬州等地形成庞大的徽派坊刻网络,成为全国刻书业中资本雄厚,文化修养高的坊刻主流队伍。江浙地区重要城市中的刻书出版

业,徽商的势力很大。徽派刻书风格影响和左右了这些城市的图书出版。他们频频编辑刊印丛书,大量配以精美插图版画,不惜重金改革印刷技术,使得徽州坊刻不仅成为左右明清时期全国出版的重要力量,而且极大地丰富了市镇、城市间的文化生活。

二、徽商在市镇中的教育事业

徽商在市镇中的教育事业,主要表现在创办或资助书院,大力兴办义学上。

从汉代起直到元代,为了逃避北方战乱,中原名族从北方各省不断迁入徽州定居。这些名族不是显宦之第就是儒学世家,他们迁入徽州后,不仅保持其原有的聚族而居、昭穆有序的宗族组织,而且继承了其宗族重视文化教育的风气。所以自宋元以来,徽州就是一个教育发达的地区。

清代学堂

在这种重视教育优良传统的影响下,徽商也非常重视教育。他们有一句名言:"富而教不可缓也,徒积资财何益乎?"意思是说,一旦富裕了,教育子弟的事情一刻也不能缓,如果只是一味地积攒财富有什么益处呢?所以富裕起来的徽商考虑最多的事就是如何给子弟创造学习读书的最好环境。

徽商多是离开家乡在外地经商,子弟往往也跟随在父兄身边。年龄小的,一般由徽商设立义学,礼聘教师为其发蒙。当地的一些贫家子弟也可免费在其中就学。如徽商鲍蜀瑞在汉阳经商,就曾设义学,以教育来汉阳经商的徽人子弟。乾隆十二年(1747)徽州盐商程公能、吴振公等在扬州就建立掘港场义学一所。盐商鲍志道又倡建扬州府十二门义学,供贫寒子弟入学。徽商朱宗藩在外经商也创建义学,受到人们称赞。徽商张佩兰在吴江盛泽镇经商,当时徽州来盛泽镇寓居者不下数十家,子弟教育是个大事,于是在镇之东肠圩建立新安义学,让徽人子弟入学。

义学只是启蒙教育。对于那些已具备相当文化基础,希望进一步得到深造的青年来说,则需要进书院学习。书院是一种地方教育组织,一般由民间自行筹款建学舍,聘师长(俗称山长),是一种聚徒讲学、研究学问的场所。书院要有一笔不小的开支,聘山长要付工资,学员要有灯油费、试卷费等等。既是自行筹款,则一般人是望之兴叹的。徽商由于富有,而且特别重视教育,所以他们总是热心地创办或资助书院。

乾隆年间,徽商江承珍之子江允昇,复笃行好义,偕弟允昭、允晖、允暄、允昴创建飞布书院于徽州府城,为文会公产,以为读书向学人士应试肄业之所。

徽商鲍志道在扬州业盐,是为总商。他倡议在淮南业盐的同乡,响应曹文埴倡议,捐款重建古紫阳书院,后经费不足,志道更独自捐银三千两补之。又偕同商淮南者请示两淮盐运使,援旧例岁给书院生徒膏火银三千七百二十两。又自出八千两请存两淮生息,以资紫阳书院膏火。

无徽不镇

歙县商人王震,侨居常州,以好义著称。曾在常州倡建紫阳书院,以祀朱子,导其乡人之俊秀而贫困者,资之使学。

项琥,歙县人,性孝友,敦本好义。县学宫年久待修,遗命其子士瀛、士溥等独捐,乾隆

歙县雄村的竹山书院

五十三年(1788)士瀛、士溥等遵遗命葺治,复增制文庙祭器,计用银万余两。又修城南紫阳书院,费千余金。居乡义行甚多,衬祀紫阳书院卫道斋。休宁商人吴继祺,在汉口经商,醵金重立紫阳书院,崇祀朱子,为乡人尸祝之所。

那时每个城市都有孔庙,这里往往就是地方上供子弟读书的场所,故又名学宫。乾隆元年,汪应庚见江甘学宫岁久倾颓,于是捐出五万余两银亟为重建,使得学宫辉煌轮奂,焕然维新。又捐出二千余两银,置买祭祀乐器,无不周备。又以一万三千两银购腴田一千五百亩,悉归诸学宫,以其每年租入作为学宫每年维修费用及助生员乡试资斧,且请永著为例。

在休宁重修学宫时,商人汪梃输银五百两;迁海阳书院,并考棚,汪梃又输银一千两。其弟汪桱也是热心教育之事,捐修还古书院,复捐赀置田以备岁修,人们称“其有功于学校者尤大。”

休宁县本有海阳书院,供本邑士子深造。由于学舍太少,远远满足不了士子需要,原地已无隙地,无法扩建,必需迁址。这可是一件大事,商人刘启伦时值家居,得知这一情况后,积极遍告本县乐善者量力

捐助,遂购址石羊圩,与邑人国子生程元槐讨论参画,克期鸠工,在众多商人的支持下,新的海阳书院终于建成,并增添了生徒膏火,还在书院旁建了一考棚,大大便利了士子的考试。在书院重建过程中,休宁商人表现出极大的慷慨。建考棚时,商人李庆品立马捐输千两银子赞助。商人汪国柱也捐千金以助膏火。商人黄士镇闻知,也捐千金以助膏火,并捐修还古书院。同邑商人戴纯恩,家产仅为中等而性好施与,贫寡获济者甚众,迁建海阳书院时也捐千金为助。商人徐名进,自奉俭约,遇邑之公事,必慷慨好施。曾输千金于海阳书院,以供膏火。他的挚友汪国柱倡议输金五千两,作为本邑学子乡试旅费,徐名进闻之大喜,亦捐银五千两响应。正是在众多商人的支持赞助下,新海阳书院顺利建成。

汉口是徽商非常集中的地区之一,大家决定共同捐资在汉口建新安书院,并推举商人汪湘主持这一工程。兴建过程中,尽管太平军进攻孝感县,逼近汉江,有人劝其中断工程,但汪湘坚持不可,终将书院建成。

在黟县,人们都建议修建碧阳书院,但迟迟未能实

新安书院铭文砖

现,知县胡君琲与大商人胡学梓言及此事,学梓曰:"诚使书院议成者,当输白金五千两助费。"胡君琲甚喜。然而不久,胡知县调离,胡学梓也逝世,事遂不果。但胡学梓临终留下遗言,嘱其子胡尚熷。胡尚熷等在众人的支持下竟完成此项工程,终于建成碧阳书院。朱作盈捐银

千两,孙洪维虽未能看到书院落成,但临终前遗嘱捐银二千两作为书院费用。

可以说,徽州各县书院之所以建立很多,持续时间又长,完全得力于徽商的慷慨资助。

在徽商的侨寓之地,徽商也积极创建书院,或资助官学,以供青年士子学习深造。杭州是江南都会之一,侨寓杭州之徽商极多,万历三十五年(1607)在众商支持下,在西子湖畔、孤山之麓,创建了崇文书院,并置买田地,以其收入供书院日常费用。汉口是七省通衢的商业巨镇,士商云集,尤以徽商居多。为解决寓汉徽商子弟就学,康熙三十三年(1694),徽商在汉口建立了紫阳书院。书院位于汉口循礼坊境内,亦名新安、汉江书院,它兼徽商会馆、书院功能于一身。"汉口之有新安书院也,自康熙甲戌吴公予、汪公文仪等创始也,至康熙五十六年(1717)始有义学、讲堂之设。"其教育体系相对完整。扬州是两淮盐业的经营中心,也是徽州盐商最集中的地方。扬州徽商子弟即往往附入扬州府学、江都县学、甘泉县学、仪征县学、兴化县学等当地官学就读。明万历中定商、灶籍,两淮不立运学,附入扬州府学,然

徽州紫阳书院明伦堂

而,附学资格的获得是以徽商对扬州教育设施的大力投入为前提的,如仪征文庙的修缮,1675年,徽商许承远修缮大成殿,1684年其子松龄又与其舅重修明伦堂;1689年知县马章玉会同原徽州人、乡绅郑为旭和许松龄以及许桓龄等捐银一千五百余两,其余徽商捐银一千六百两,重建大成殿;1708年原徽州人汪文芷修葺倾圮的居仁、由义二学斋;1714年许松龄之子许彪重建尊经阁;1735年松龄孙华生重修学宫等。徽商对扬州的书院建设更是不遗余力,如扬州梅花书院、安定书院、仪征乐仪书院的建设均凝聚了侨寓徽商的心血。

第四章　徽商与市镇建设

明清时期,徽州商人在全国各地经商,促进了经营地社会经济的繁荣发展,丰富了经营地的文化生活。同时,这些徽商在经营地积极参与市镇建设,为市镇的发展也做出了贡献。

一、徽商对市镇基础设施的改善

在封建社会,基层地方政府的主要职能是征收赋税和维护治安,市镇建设经费极其有限,尤其是基础设施,地方政府既不关心也少投入。徽州商人长期生活在某个市镇,又好善乐施,对一些关系广大民众利益的事尤其热心,慷慨解囊甚至躬力亲为,在历史上留下了无数的记录。主要有以下几类。

修治道路

如今城市道路无不是柏油马路,甚至村镇道路也改为水泥路了,可是我们想想在几百年前,别说乡村了,就是城市里也多为土路,石板路也是不多的。这种土路一遇雨天,简直无法行走。尤其是县与县之间的通道,车马人流很多,在这种泥泞的路上,你来我往,就更艰难了。徽商长年在外奔波,目睹这些现象自然难以无动于衷,故只要条件允许,就首先想到修路。如明代休宁人查杰,在芜湖(那时还是芜湖县)经商,也许是生意上的原因,经常往来于南陵县与芜湖县之间,看到道路破烂不堪,于是拿出重金修治南陵至芜湖道,百姓感恩不绝。歙县商人方如骐则与郑滂石

徽州古道

联手,甃治金陵(南京)道路,以达芜湖,方便了四方百姓。芜湖濒临长江,大江中有一石矶,石骨嶙峋,江水落时,行船见到石矶还能绕道而行,一旦水涨没过石矶,过往行船误触石矶,往往造成船破人亡,其害非浅。人们早就想在石矶上造一标识,由于花钱太多,只好作罢。雍正六年(1728),在芜湖经商的徽人吴昂认为众擎易举,道谋难成,于是呈报县官,请求独立建造。他拿出重资,花了两年时间,在石矶上垒石为台,在台上立庙建旗。有了这样明显标识。自然从此也就安然无事了。人们把这石矶命名为“永宁”。过往商舶,无不感恩戴德。歙商项一溶也有类似行为。有次他乘船路过九江,看见江中一块巨石,船只稍不注意触上就船翻人溺,他立即拿出重金募工将石削平,从此江帆坦涉,至今便之。

婺商詹文锡承父命往四川经商,至重庆界,涪合处有一险道,名“惊梦滩”,两岸悬崖峭壁,江中水流湍急,船舶至此必须靠人工牵挽,但两岸峭壁,牵夫根本无路可走。詹文锡默默记下此处,发誓一定要在此修一条道路。几年后他致富了,又来到这里,拿出数千两银子,雇了一批民工,在悬崖上凿山,终于开出一条道路,从此无论陆行还是水

行,都很方便。当地官员嘉奖其行谊,在此道上竖上石碑,将此道命名为"詹商岭",以表永久纪念。婺源商詹隆梓随父在昌江经营瓷器,看到浮梁(景德镇)东西道及本里河岸倾圮,捐资造成坦途。修葺高奢石堰,首捐巨资,数劝众输助襄成。他的弟弟詹楫,在襄亘经商,也捐资四百两银助造南关大路,人谓"二难济美"。歙县商人何永昌,贾于黄州广济县之武穴镇,见义必为,尝捐资伐石甃治江西彭泽县梧桐镇岭上山路,并在山上建太平庵,立茶亭向过往行人免费供应茶水。扬州北门外司徒庙右山之阪,道路险恶,一旦久雨,路上就会溅起数尺泥,骡马往往蹶倒伤人,挑担者也往往滑倒,人们无不视为畏途。歙县盐商闵象南出财,雇人修治道路,行者便焉。晚清徽商金起本在浙江遂安县经营,也独力捐造浙江遂安县笔架岭及沂阳永乐梅水屯衍昌等处大路,共数十里。类似这样的例子不胜枚举。

说到修路,有一个例子特别感人,即歙商程国光修箬岭事。箬岭是宣州和歙县之间的大山,为歙、休宁、太平、旌德几县通往外地的要道,"其高径二十里,逶迤倍之。"山高二十里,山路崎岖,足有四十里长,极其难行。当年程国光为

类似的古道很多徽商都解囊捐修

县学学生时,由歙县赴省城乡试,道常出此。那时他十分贫困,一橐一伞,恒自负载,盖自上岭以至平地中途要休息数百次才行。道路如此难行,行人十分痛苦,他当时就下决心整修此路,"然力不及也"。后其五次参加科举皆失败,遂儒而兼贾,待稍稍富裕后,即决意整修箬岭道

路,"剃莽凿石,铲峰填堑,危者夷之,狭者阔之,几及百里。"即砍掉杂树荆棘,凿去石块,高处铲掉,低处垫平,危险处要使其安全,狭窄处要加宽,几乎上百里长。铺路需要大量的坚石,由于歙县所产石板硬度不够,产量又不足,于是又买来大量经久耐用的浙江所产石板补之。长四五尺到七八尺不等,皆随道路宽窄铺筑。更可贵的是,他亲自履勘,不假手于人。他积蓄了数十年的心力,完成了这项艰巨的工程,耗费了大量的精力和财力。

　　扬州是两淮盐商最集中的地方,两淮盐商中徽商又占大多数。关于扬州的道路桥梁,徽商出力最多。乾隆二年(1737),盐商祁门人马曰琯一人独捐二千四百两白银整修扬州广储门至便益门的街道。扬州康山南河下至钞关北地势低洼,街衢易积水,歙县大盐商鲍志道独立出资为其"易砖为石",铺垫了石板路面,还斥资修造了虹桥等。徽商在扬州不惜捐斥巨资,用于修桥、铺路,疏通水道,修治码头,兴建园林和别墅。平山堂、个园、白塔和数十处构筑精妙的园林建筑,为扬州城市的繁华增添了亮丽的色彩,直接促成了"扬州园林之美,甲于南中"局面的形成,推动了扬州的城市建设和经济繁盛,带动了城市建筑业、金融业、

《两淮盐法志》书影

饮食业、服装业、首饰业甚至娼妓业等相关产业的发展。

另据清王定安纂修的《两淮盐法志》卷一百五十二《杂纪门》载：

> 扬州古雷塘，当郡城西北孔道，嘉庆三年淮商汪应庚建石桥，以便行旅。
>
> 扬州东关大街，乾隆中淮商罗绮重甃并筑城外石马头。扬州新城街道淮商鲍志道重修，自康山西至钞关北抵小东门尽甃以石。
>
> 仪征龙门桥，康熙五十四年圮于潮，淮商汪文学鸠众重修。……又市街三条，乾隆六十年徽商吴永瑞鸠众捐赀甃以石。
>
> 石港场市街，徽商吴永瑞修，悉甃以石。……富安场大石桥，徽商黄修忠捐千金建。……
>
> 伍佑场河通济桥圮，乾隆三十二年场商程家润改建，甃以石，工费二千三百余金，里人为立碑记。

浚河筑堤

如同道路一样，在封建社会河流也长年失修和得不到疏浚，给来

往行船带来诸多麻烦甚至危险。于是徽商又拿出资金在经营地疏浚河道。清代初年安丰五仓沙河年久失修，泥沙淤积，不仅盐船难以通行，一遇

类似河流堤坝徽商多捐资修建

旱涝,百姓遭殃。康熙五年(1666),在安丰经营的徽州盐商郑永成,倡议众盐商拿出一万一千余两银子,雇工疏浚五仓沙河,疏浚以后,每遇旱夙,安丰百姓独蒙其利。婺源商戴振伸常年运输木材,洞悉江河水势原委。丹徒江口向有横越二闸倾坏,后水势横流,船籍往来,迭遭险阨。道光年间他主持会馆事,率领徽商捐出银两修筑二闸,并疏浚唐河、孟河。工程竣工后,史载:"水波不兴,如涉平地。"镇江府、江苏省将此呈报皇帝,奉旨赏给九品议叙。可见此工程影响是很大的。

扬州运河距南门五里处,是一个极其危险的地方,盐艘粮船及其他巨船过者,每遭破坏,为害已有数百年,损失数千万金,也丧失许多生命。故老皆言河下有神桩,为灵怪所凭。某年正月,此河干涸,才发现河底原来有巨楠无数植其下。在扬州业盐的徽商闵象南询问故老,老人告诉他:"以前有僧人尝募人于水中斫之,计日受值,但弗能拔一桩。今水涸而桩现,正是拔桩好时机,机不可失啊!"闵象南乃与同乡程休如冒雪往视之,决定乘此时机将桩拔掉。闵象南委托属徽商方子正、汪彦云主持其事,闵象南乃独立出资,号于众曰:"有能起一大桩者,予银一两,小者银递减。"人争趋利,凡三日起一百六十余桩,仅仅过了三天,大水就来了。从此舟患永绝。扬州人一谈到此事,对闵象南和徽商真是赞不绝口。前述徽商江演又浚扬州伍佑东河二百五十里及安丰串场官河,盐艘免车运之劳,商民受益。

与浚河相关的是筑堤,徽商也做出了很多贡献。如明代休宁人姚柱在江苏高邮经商,那里的堤岸表面砌上砖块,但大水一冲或长时浸泡也极易坍塌,姚柱捐资全部以石易砖,从此堤岸牢固不圮,岸下田地遂成沃壤,高邮百姓一谈及此事,对姚柱崇拜不已。婺源商俞俊锦也是因筑堤获得人们赞颂。他在江苏丹徒县图山镇经商,那时乐平、德兴二州界有堤,长数十里,自前明倾圮,由于没有经费一直未能修缮,居民迭遭水患。俞俊锦召集县里绅士商量筑堤,大家都以费用太大而推辞,俞俊锦发誓说:"待我三年,力能办之。"于是他努力经营,贸迁孳息,三年下来,积攒不下千金,立即择吉兴工,他还亲临一线,躬自畚锸,手足尽茧,毫不顾惜。资金不够,乃奔赴于邑绅,大家皆知其勤苦无私,纷纷资助。终于,堤修成了,他命名为"永丰"。县令许某向其家赠匾。当时正值县学生员考试,遂命生员以"永丰堤"为题作赋,择其优雅者,颁刻传颂,一时荣之。徽商胡天润,看到景德镇赵家滩水势险迅,为行舟大患,倡捐百金筑坝。

说到筑堤,不能不说许仁的事迹。许仁是歙县商人,嘉庆道光年间在芜湖经商,由于有见识,敢担当,又有较深厚的文化素养,深得芜湖县令和太平知府的器重。嘉庆十九年(1814),安徽大旱,大批饥民逃难到芜湖索食,难民一多,就有人乘机酿乱,而一旦乱了起来将难以收拾。太平知府知道许仁很有见识,专门拜访他征求化解方案,许仁说:"非先资助流民出境,乱不解。"于是议章程十条,知府完全采纳,并下达他县仿行。政府拿出一笔钱资助灾民,大乱才未发生。再说芜湖有凤林、麻浦两个圩区,左大江,右天成湖,为南乡诸圩门户。圩内有田数十万亩,皆以二圩的圩堤作为保障。道光十年(1830)发生大水,圩堤决

类似桥梁徽商捐建最多

口,淹没很多良田。许仁刚好自汉口归来,县令委托他主持赈灾之事,他认为要赶快堵住决口,加固圩堤。于是以工代赈,直到第二年春天圩堤竣工。谁知夏天大水又至,漫过圩堤,许仁乃赁船载老弱废疾置诸高垲,设席棚,给饼馒,寒为之衣,病为之药,且为养耕牛,水落更给麦种。他又在徽商中倡议捐资以善后,几个月中他独任其劳,人忘其灾。水灾后他又在考虑如何才能使圩堤永保平安,后来议定《二圩通力合作章程十六条》,令农民奉行。由于许仁为芜湖人做了大量好事,所以他去世后,芜湖人感其德,请于官,立祠于凤林圩之殷家山常年祭祀。

架桥置渡

这也是徽商在各地市镇做的很多好事的其中一个方面。歙县人孙仕铨在宛陵(今安徽宣城)经商,他家附近有条河,以往河上架设木桥以通南北,水涨木坏,桥也就断了,人们只好以舟渡河,由于河面较宽,一遇风浪,船多倾覆,人也往往淹死。看到这种情形,孙仕铨很是不安,他捐出四千两银独成石桥,并在桥上砌屋,供行者休息,人们亲切地称为“孙公桥”。地方官大书“尚义之家”四字表其门。黟县人吴畅,曾贸易景德镇。乾隆戊申年(1788),山洪暴发,漂尸遍野,吴畅捐资置棺,掩埋以百数。又造黄泥坦石桥,桥上建亭以憩行者。婺源金辑熙尝在苏州经商,也是捐资独修齐门吊桥,靡费千金,后又造德邑坑口渡船,并输五百金为善后计,给行旅带来极大方便。康熙年间歙商江国纬侨居在苏北盱眙,平时专以济人为务。盱眙之旧徐城为南北交通要道,处黄河和淮河之间,但地势低窪,一遇水涨,则能淹没车子,南北通行之人只好褰裳赤脚而过。江国纬乃独力捐资建成石桥,蜿蜒跨水上,大大方便了南来北往之人。涧溪当四山之冲,雨则山河合流,距镇二里许,一望汪洋一片。江国纬又带头解囊为众人倡捐,在他的带动下，花了一年多的时间，建成石桥，复建亭以憩行人。像徽商这类架桥义举在各地方志中比比皆是、举不胜举。至今仍横跨于歙县练江之上的安徽省最长的石拱桥——太平桥，就是徽商捐助建造和修缮的杰作。清代黟县西递徽商胡元熙即是捐助太平桥建设和维修的巨贾之一。他在道光二十二年（1842），联合徽商程祖治等集资白银十万两用于太平桥的修缮，历时八年方才告竣。

歙县太平桥

到了近代，虽然大部分徽商受到了严重挫折，但也有少数商人抓住时机，迅速转型，从而得到很大发展。黟县商吴蓁就是一例，他业丝于上海，兼充英怡和公司买办，中外商人咸倚重焉，因而得以发迹。他又是一个慷慨好义之人，所做的事都是大者、远者。他看到无锡县无桥，人们都是以船摆渡过河，不仅不便，而且往往酿成灾祸，于是在光绪末年决定捐六万两银子建钢桥。就在与工程师签订好协议后，欧洲发生战争，工料腾贵一倍有余，地方绅士劝其改建洋式木桥两座，这样还可赢余四万两银子。但吴蓁婉言谢道："议定而悔，如信用何？县造桥，善举也，于善举中而自利焉，诉诸良心亦不之许，不敢闻命。"最后还是建了钢桥，名曰"吴桥"，以姓志也。无锡人感其德，修其祠，以便长期祭拜。县里石山有一座挹秀石桥，年久失修已经倾圮，吴蓥又捐一万二千余两银子修造并建亭于桥之东端，名曰"吴蓥亭"，以名志也。

很多徽商捐资设立类似义渡

　　有的地方无法建桥，徽商就建立义渡，以方便往来过客。道光年间，歙人周配芬在陕西石泉县经商，看到池河口河水发时，由于没有渡船，来往行人只能望河兴叹，一些急事大事往往因此而误。周配芬乃决定捐金在此设一义渡，免费让行人通行。为了使此义渡能够长久，他还立了一块石碑，详载其初衷。碑文如下：

　　盖思古制有徒杠徒梁（可供徒步行走的小桥），以通行旅之寒涉（指寒冷天气过河）；今之造舟济渡，以通往来之行人。非敢云见义而为，勇于美举也。予本安徽歙邑人，丙午岁客于莲花石，见池河口河水发时，行客为水所阻，是以居心造一义渡以济行人。兹事于原舟已造，故必须招驾渡者并备渡人之口粮，是于渡头以置山业，耕种而食，其余之粮，贮积以备国课、修缉之需、置产造舟。曾凭乡保至案公廷，庶使行客之周知此示，永远之义举也。

无徽不镇

大清道光五年桂月安徽歙邑允吉号周配芬

你看他想的多么周到:造好了船还要有驾渡者,驾渡者也要生活呀,否则怎能安心呢? 于是又置买了山业,平时耕种而食。当然会有积余的粮食,这余粮可以贮存,一部分缴国税,一部分卖掉可用来平时修船,若干年后还能别置产业或再造新船。并且他还担心时过境迁,执行会走样,于是又凭乡保并到政府备案,而且要让大家都知道此事,监督执行,这才是永远之义举。这块《池河口义渡碑》至今还竖立在池河口南岸古道旁。碑为圆首方趺,身首一体,高189厘米、宽85厘米、厚9厘米。中题"义渡"二大字,右镌"小河扁舟,济渡行人。洪水涨发,毋许强行",左镌"恐防失泽,涡(祸)延己身,谨此予白,以免过津"。

当然,徽商设立义渡的决非仅此一例。在镇江,江面最为辽阔,江水又势将趋海,金山中峙,波涛汹涌,浪中激驶,往往覆舟。徽商闵象南每年租渡江船数条于金山,重集雇募善驾船者,遇到舟覆,则飞桨救之。闵象南又担心舟子贪他利,不能尽心尽力救人,又与同乡吴孟明、程休如、汪子任、吴道行等更立条约:"凡渔船皆得救人,得生者酬以一金,死者十分之六,别为理葬费,京口瓜洲各养僧主其事。"这样就能最大限度地保证江中覆舟能得到及时救援。

此外,休宁商汪桱,在宿松县置义渡,休宁商陈志鋐所居陈村之对河,路通婺源,过去是募船通济,但因没有规章,时断时续,给行人带来诸多不便。陈志鋐独捐田租,立义渡户,名为造船及渡夫工食之费,而岁修亦取给焉。从此义渡才真正建立起来。黄懋显在家乡休宁万安镇设南山塘义渡,并捐银积贮生息,用利息每年施茶,给渡夫工食,到道光年间已延续百有余年。婺源商程待诏于芜湖造义渡、立义庵。婺源商陈兆元,所居村旁大河通徽饶大路,以往皆募造船通济,难以持久,给行人带来很多不便。陈兆元独自出资,立义渡造船,并置田租为以后复造费及渡夫永远工银,以免需索行人。这些事实皆数不胜数,均记载于徽州各地方志中。

盐商汪应庚捐资兴修的扬州平山堂

其他方面

徽商对市镇基本建设的贡献,除了上述修治道路、浚河筑堤、架桥置渡外,也表现在其他诸多方面。比如,扬州盐商汪应庚当年就捐资兴修扬州平山堂,如今已是扬州一大盛景。在扬州城外蜀冈栽松十万余株,几十年后皆成拱抱。如果这十万余株松树仍然保存的话,三百多年后的今天真是株株皆为参天大树了。他还重价购买平山堂旁的民田,别浚一池,现已成为著名的第五泉。蜀冈左为观音阁,右为司徒庙,与平山堂鼎峙,汪应庚修废举坠,顿改旧观。为了纪念在明朝万历年间因与不法宦官英勇斗争而牺牲的五位烈士,汪应庚还捐资建立五烈祠、贞节墓,并请旌褒。徽商江承燧在湖南,目击洞庭冷饭洲船多覆溺,乃捐资建筑石台,高七丈、宽十八丈,环植柳树数万株,建神祠于上,俾舟人不迷所往,并捐资每年维修不懈。他又捐修常德府西南两城外大道,并植柳于湖口钞关之旁,以杀江中波涛之势。

徽商对汉口的影响也非常显著。他们合作组建了新安公所(即新安准提庵)。康熙三十四年(1695),又创设了新安书院(即徽州会馆)。继于雍正十三年(1735)开辟新安码头,徽商很有远见,他们收购、填平了很多地皮,从襄河边一直买到后城马路(即今中山大道)。建立魁星阁、紫阳坊,北接新安街,形成了规模宏大的新安社区。此外,天都庵、宝林庵都是徽州盐商的盐务公所。

说到徽商与市镇的关系,不能不提到明代徽商阮弼率众抗倭保卫芜湖的事。明代嘉靖三十四年(1555),有一小股倭寇从浙江海岸登陆,沿着新安江一路杀到徽州,由于当时明朝政府太腐败,倭寇所到之处如入无人之境,他们任意烧杀抢掠,没遇到任何有效的抵抗,反而明朝军队触之即溃,很多将领成为刀下之鬼。就这样倭寇又从徽州北上,千里奔袭,一路杀来,直逼芜湖。

那时的芜湖虽只是一个县,但已是相当繁华了,十里长街,店铺鳞次栉比。可是这样的城市竟然没有城墙,这就意味着只要倭寇来了就可直接进到市面上大肆杀戮抢劫。倭寇奔袭几千里都没遇到有效的抵抗,早已被人们说成是三头六臂的魔怪,守城将领束手无策,芜湖城内一片恐慌,人们纷纷准备逃难。

就在这关键时刻,徽商站了出来。歙县人阮弼在芜湖经营浆染业多年,深受人们爱戴。在危难时刻,他拿出重金,招募强而有力的青年,联合土著壮丁数千人,宰杀牲口而宣誓说:"那些人是寇呢?还是虎呢?就是老虎,人们也可以与它搏斗;老虎即使有翅膀,人们还可以向它射箭。这些人今天成为寇,就证明他们已到了穷途末路,只要我们团结起来,就能把他们杀死以谢天子。"一番动员,说得大家信心百倍,决心与倭寇决一死战,以保卫芜湖城。阮弼把大家组织起来,分头把守,城中百姓也给予各种支持。倭寇侦探知道芜湖有了充分准备,竟然吓得不敢进来,从芜湖旁边逃走了。阮弼保卫芜湖立了大功,上面要给予奖励,他竟坚决推辞。又过了几年,芜湖县公库屡屡被盗,就是因为没有城墙,治安无法保证的缘故,所以地方官决定建筑芜湖城墙,阮弼又自告奋勇,承担了筑城的很多任务,甚至捐资建了一个城门,人们将它命名为"弼赋门"。

二、徽商在市镇中的慈善事业

徽商除了在市镇基础建设上做了不少贡献外,在市镇中的慈善事业也可大书特书。在封建社会,由于政府的防灾意识不强,措施也不得力,因此往往容易发生水旱灾害。而且灾害发生时,政府的救济作用也十分有限,难无所济、病无所医、死无所葬的现象十分普遍。至于平时,幼无所养、老无所依就更不必说了。更何况在市镇,人口相对集中,上述现象就更为突出。面对这种情况,一些个人和群体及时站出来向灾民施以援手,帮助

两淮盐场

无徽不镇

他们渡过难关。无疑,徽商就是其中突出的群体。可以说,徽商虽然遍布全国各地,但在每次灾害来临时,他们都没有袖手旁观,而是以义不容辞的精神慷慨解囊,尽最大的努力,救助难民。这方面的事迹不可胜数,家谱和方志中记载比比皆是。

在明清时期,水灾是非常多的。雍正九年(1731)海啸成灾,两淮盐场临海,所以大片盐场被淹没,灶户百姓流离失所。在扬州业盐的徽商汪应庚立即捐银施粥赈济伍祐、卞仓等盐场灾民者三个月,使灾民渡过难关。雍正十年、十一年江水叠涨,洲民到处流散,且饥肠辘辘,危在旦夕。汪应庚先出囊金将流民安集在一起,随即从外地运米数千石赈济。时疫疬继作,更设药局疗治。雍正十二年(1734),复运谷数万石,使灾民得哺以待麦熟,是举存活九万余人。又于邻邑之丹徒、兴化,并输粟以济。地方官将其事迹呈报朝廷,皇帝特授其为光禄少卿,虽然这只是一个虚衔,但也足以表示朝廷对汪氏赈灾行为的嘉奖。

乾隆皇帝

康熙九年(1670),淮北大水,多少民众漂泊水中,此时在淮北业盐的徽商程量越捐金募船筏拯救数千人。第二年淮河水更大,盐城等地全部被淹,流民入山阳者千余户,程量越看到大批灾民无房居住,乃构筑多间房屋供灾民栖身。乾隆年间,在淮北业盐的歙人程钟,创立淮安普济堂,救济穷人,为此捐资巨万。乾隆皇帝御书"谊敦任恤"四字赐之。乾隆十二年（1747），淮北发生水灾，诏截南漕八十万石备赈。时齐鲁亦饥，大批流民渡河而南者，日以千计，盐政、漕政、河道诸臣，各捐廉俸，广设栖流所于淮安山阳、清河、桃源诸处。程钟率领志同道合之人，积极参与其事，捐出银两，收养流民，全活十余万人。

两淮总商鲍志道的儿子鲍漱芳在父亲去世后也被众盐商推举为总商。嘉庆十年（1805）夏，洪泽湖涨水，冲决车逻、五里诸坝，灾民嗷嗷待食。鲍漱芳立即召集众位盐商公捐米六万石助赈，得旨俞允，遂于各县设粥厂赈济灾民，鲍漱芳并赴泰州躬亲督视。是年，淮河、黄河均发大水，漫溢邵伯镇之荷花塘，鲍漱芳倡议仍设粥厂赈济，又力请公捐麦四万石，展赈两月，所存活者不下数十万人。方义坝决口时，高堰抢险，护堤甚急，秋后全河溜，势将改由六塘河从开山归海，鲍漱芳又集众输银三百万两以佐工需。又芒稻河为洪泽湖之委，制府铁保亟谋疏浚，鲍漱芳捐银六万两以济工用。又捐银五千两助浚沙河闸，泄运河之水以入深江，为支流第一捷径。

在其他地方经商的徽商也是这样。嘉庆三年（1798），江西广信府闹饥荒，饥民嗷嗷待哺，在此经商的歙县人程德基倡议平粜，竭赀董其役，全活无算。事载《广信府志》。

在自然灾害面前，黟县商人胡正有（字泉若）的事迹影响很大。乾隆九年（1744）衢州华埠水灾，漂没民居，人多失所，胡正有就在其地经商，四面八方的难民一齐拥向胡正有家，男女老少有二百多人。水已浸到门扉，数日不退。难民相向哀号，无衣穿、无饭吃、无房住。胡正有拿出家中的所有粮食给灾民吃，又拿出衣服给灾民穿，没有地方住就在他家挤住，帮助大家渡过难关。胡正有的行为在当地受到百姓的高度赞颂。时在黟县为官的清代著名散文家刘大魁听说此事，也特别

无徽不镇

感动,专门写了一首《华埠救灾赞》诗:

昔在司徒,教民三物。既急睦姻,爰崇任恤。匪徒教之,又纠以刑。六曰不恤,其政有经,夫彼之困,非我所作。我虽不恤,罪无所获。盖古圣政,莫重施仁。同体一视,宁隔我人。患不相救,其忍甚矣。加之以刑,比于不齿。殆及后世,手足相残。而况宗族,里党之间。其生不亲,其死不吊。浇漓成习,可为痛悼。胡君泉若,往贾于衢。华埠之地,有廛一区。乾隆甲子,适值洪水,漂没民居,廛亦半毁,民之逃窜,咸集其庐。男女老稚,二百以余,水浸门扉,数日不去。相向悲号,赤体呈露。维我胡君,载赈载施。载推以食,载解以衣。华埠之妇,欢腾于口。华埠之夫,欢拥于涂。我始啼饥,君出黎枣。我始怨寒,君赐袍袄。既骨而肉,既死而生。食君之德,如雷雨盈。我祀而祝,君其受福。我寝而求,胡不君禄。有感者君,有酬者民。殷殷谆谆,衢巷以闻。故凡居邻里,毋曰我富,而贫者莫顾,毋曰我贵,而贱者莫视,毋曰我强,而弱者莫当。以富济贫,其富益振。以贵悯贱,其贵弥见。以强抚弱,其强愈灼。我官于黟,君从宴矣。或告君事,非君所期。其事亦细,而今人膜置,我庸书之,以警来世。

刘大魁先生像

浙江桐乡乌青镇早在明代中后期就有不少徽商来此经营。据万历年间李乐的《见闻杂记》所记:荒镇建馆之地,一河相距,其东曰青镇,隶桐乡县;西曰乌镇,隶乌程县。万历十六年(1588),当地大灾,斗米卖银一钱六分,饥殍塞路。

李乐见此情景,焦急万分,于是找到在镇上行医的徽州医生方时吉,希望他劝说在镇上开典铺的徽商赈济。当时在镇上有九家徽州典铺,他们仗义乐施,各捐出白米二十石,共得一百八十石。李乐又同自己亲戚各出米三石,倡议青镇居民捐米,共得一百石。乌镇居民央耆老唐国宪、王汉龄亦行劝谕,竟乏好义者,一升一合之米也没捐出来。由此可知,徽州典商当时各铺捐出二十石白米真是不简单啊。

以后在此经商的徽州人继承了这一传统,凡是遇到灾害,徽商总是好义乐施。如乾隆五十年(1785),这里又发生旱荒,徽商萧南金出金倡捐,全活甚众。嘉庆九年(1804),以水涝萧南金又在此设厂施粥。其子萧谦,复助金以襄其事,里人多称其盛德。

雍正二年(1724)秋天,如皋丰利一带发生海啸,海水漫过捍海堤,淹没大片土地房屋和庄稼,无数民众失去生命,水中浮尸蚁聚。徽商汪士栋黯然伤之,亲自操舟,破浪冒险,率仆打捞男女尸凡三千五百六十有八,全部给以棺木并雇人埋之,同时救援溺水全活者数百人。丰利自海啸后,土地被海水浸泡,不能种植庄稼,居民乏食,命在旦夕。汪士栋又捐谷千石为粥,以食饿者,此举行之半年,略无倦意。地方官旌其闾为"义门"。又捐出自己膏腴田数十亩,为漏泽园,凡无主尸骨及家贫无葬地者,在此丛葬。他如施药送槽诸善,无不乐为。类似上述诸人的行为真是太多了。

除了水灾,还有旱灾。乾隆四十九年(1784),江北大旱。在江苏如皋经商的歙县商人罗福履向官府建议以工代赈,他并躬自督之,活饥民数千。嘉庆十九年(1814),如皋又旱,他将自家仓库里所储备的麦子拿出来,全部平价出售,并捐二万余两银子赈灾,如皋百

无徽不镇

姓一说到罗福履,无不感恩戴德。乾隆三年(1738),江都闹饥荒,徽商吴家龙助赈七千余金。乾隆七年(1742),吴家龙又捐三千余两银子救济饥民。至于治道涂而便行人,施纩袄以衣贫乏,吴家龙所费不可胜计。人们说他凡所以见义勇为而恐后者,完全是本于他的天性之肫笃。

　　江苏仪征素为水陆要冲,扼江、淮之襟要,古运河由此通江达淮,因此被称为"东南水会",南来北往的商旅、货物都要经过这里,自古即是南北运输的重要中转地,所以这里的商船、盐船极多,一艘挨着一艘。乾隆三十六年(1771)十二月十九日,仪征江边的沙漫洲突然发生大火,焚毁盐船六十二,其他商船不计其数。这场大火伤人极多,尸填江口。当时地方官及盐政,动支公项,周恤灾民。面对这一灾情,很多徽商都行动起来赈灾。如徽商巴树保独立捐银三千余两,设厂捞尸,同时购买大批棺材掩埋。凡尸无主及尸亲无力者,给布一匹,棺一具,又捐置义冢于龙门桥北,分别男女埋葬。乾隆三十五年(1770),扬州之中堡又发生火灾,被患者四百余家,歙县商人毕成梅慷慨解囊,周行抚恤,按户赠金。解决了灾民的眼前困难。在金陵(今南京)上新河某年也发生了一次大火,又是四百多家被烧,在这里经商的徽州木商也都见义勇为,婺源商俞起元捐出七百两银赈灾,俞

江苏仪征鼓楼

烈则按户计口赈恤。

　　大灾过后,往往很多尸体无人处理,这极易引起瘟疫。但官府又拿不出钱来掩埋尸体,这时徽商无不挺身而出。顺治七年(1650),徽州潭渡人黄克念行贾至湘潭,见白骨遍野,乃与同县商人程奭议掩埋之。他们捐银买地招僧结竹篓以盛尸,修了二百零一个坟墓,这件事花了一百九十天才做完。后十年,黄克念复至其地,值三藩之乱,湘潭再遭惨毒,横尸无算,有徽州岩镇商人曹翊同休宁商人汪辉捐赀掩埋数十冢,并修茸前冢,建祠其旁。康熙四十七至四十八年(1708—1709),浙江省桐乡县发生大疫,死者枕藉,尸体遍处,徽商程公琳拿出银子于桐乡县治之城隍庙、青镇之密印寺设局施棺,掩埋至万余口。施棺局设了三十余年,未尝停止,可想而知要花多少钱。徽商张明侗寓居苏州时,也有建造同仁堂施药、施棺、埋葬诸善举。道光三年(1823),江苏河水涨,浮棺数千蔽流而下,徽商冯灿乃协友捐金募人拯之,并买山营葬,时人咸钦敬焉。徽商胡垲,贸易江苏,见旅人暴骨,具呈府县建旅享堂于浒墅关,捐资设殡房,置义冢,并立碑志以垂久远。乾隆十五年(1750),襄阳大饥疫,道殣相望,徽商汪元机施棺数百具埋藏尸体。乾隆年间上海县发生海啸,淹没者不计其数,休宁商朱允汲首捐赀雇人捞尸、买棺收

一乡善士匾

无徽不镇

殓,购置土地作为义冢,掩埋数千余棺,上海县令王某上报制军尹,给额曰"克襄仁善"。康熙四十八年(1709),亳州大饥,徽商詹一滨周赈钱米约五百金。第二年,此地又发生大疫,很多人染疫死亡,詹一滨又施棺二百余具、席子数百,掩埋无算。徽商施如汪,尝贸易江苏泰州兴化县,值岁饥,且疫死者藉道,施如汪施槽给钱,共埋二百余冢,兴化县令赠额曰"一乡善士"。

像这类事例真是太多,举不胜举。徽商的行为不仅缓解了灾民的急难,缓和了社会矛盾,对社会稳定也起了很大作用。

徽商在市镇的慈善事业尤值得一提的是设立育婴堂。明清时期,虽然经济较前有了很大发展,但穷人还是很多的。那时没有科学的避孕措施,小孩生下后有的人家养不活,就只好将婴儿丢弃;由于重男轻女,有的人家生了女孩也把她丢弃。在扬州弃婴特别多,一个原因就是扬州富人多,他们往往纳几个妾,生了小孩又不愿亲自哺乳,而是重金聘请奶妈哺养,一些穷人妇女为了挣钱,往往将自己正在吃奶的小孩丢弃,而去富人家当奶妈。对于弃婴,有时政府也无能为力,而徽商在这方面却起了大作用。徽州盐商闵象南在扬州创建的扬州育婴社就是突出一例。

事情要追溯到顺治十二年(1655),地方绅士蔡商玉看到扬州有不少弃婴,就找到当时盐商闵象南。闵象南经营盐业累资巨万,每年所得利润,除自家食用外,余尽以行善事,所以他家财产数十年都没有增多。他听说后,立即嘱人聘请乳妇哺育弃婴,每月每人给银五钱。他还告诉志同道合的人:"扬州南北之冲,女子号称佳丽,四方游宦贵富者多来此买妾侨居,生息既繁,常以加倍的工钱聘请乳母,贫家利其厚值,往往将自己子女投入水中或弃之道旁。所以扬州之弃婴视他方为甚,吾耳目所不见闻者不可胜数也。"于是决定与同仁合作创办育婴社。并广贴告示,将弃婴放置育婴社旁,育婴社请蔡商玉主持其事。从此社中婴儿多至二百余人。闵象南从各地聘请奶妈,不仅给她们较高的报酬,还要准备婴儿的食物、衣服,夏有单衣,冬有棉衣,还聘请医生给婴儿看病,安排得十分周到。有一年遇到海警,社里同仁都逃散了,资金缺乏,乳母也欲弃婴而去。蔡商玉告知闵象南,闵象南知道,乳母一走,婴儿必死无疑,立即说:"哪能走呢?还有我在呢。"遂独给经费数月。不久,在闵象南的感召下社人都回来了。但过了一段时间,同仁中有的到他处经营,有的生意衰落,育婴社的资金又匮乏了。为了解决根本问题,闵象南找了一些同仁,捐出相当银两作为育婴社日常开支,另外又制定了社规,决定一人当值一月,在当值的这个月,社里的除日常资金外,开支如有不足,由当值者补之。而且闵象南独自承值两个月。正是采取了这个措施,育婴社才得以正常运转。资料记载,从顺治十二年(1655)到康熙十六年(1677)二十三年间,存活弃婴三四千人。可知这期间要花多少财力和精力啊!

除了闵象南与同仁创办的扬州育婴社外,扬州还有育婴堂,清初由西商员洪庥、徽商吴自亮、方如珽创其事。顺治十三年(1656),建堂于西郭外,岁需银三千两,皆绅商所捐,后苦于经费不足,乃改由官办商助。经费虽由盐

育婴社

无徽不镇

务开支,但仍由盐商承办,当然大多还是由徽商承办,一直持续到道光年间。其间也有绅士加入,但商人还是尽了不少力的。

当然,育婴社绝不止扬州一处有,其他城市也有很多。尤其是长三角各个城市,凡有育婴处,总会有徽商的资助。例如乾隆年间休宁人吴士荣在江苏吴县甪里镇经商,乐善好施,远近闻名。乾隆二十年(1755),州人大饥且闹瘟疫,死者枕藉于道,而郊野间尤甚。甪里以前有同仁堂,为施棺所,吴士荣捐出大量银两作为赞助,尸体得棺者以千计,即买地葬之,而且年年如此。城中育婴堂,岁久人满,有就弃婴来者,吴士荣就另外雇乳母养之,尽三十余年,活儿以百数。婴儿如有残疾,吴士荣则资之终身。

每逢新年,家家户户都在置办年货,除旧迎新。但也有一些贫困之家连温饱都难以保证,哪有钱去办年货呢?徽商每到这个时候就想到了这些人,总是想方设法去接济他们。乾隆年间,歙商江承东在汉口经营盐业。当时汉阳有大批棚民聚集,每当除夕,江承东则密遣子侄,怀揣大量碎银,到棚民区每期暗给银钱,让这些棚民得以过年。在他的影响下,同辈也有仿而行之者,因此救活了很多人。无独有偶。贾于浙江富阳的徽商吴翁也是每当除夕,"怀金走里巷,见贫家默置其户中,不使知。"

总之,徽商在市镇的慈善行为,在一定程度上缓解了社会矛盾,是政府职能的重要补充,也反映了他们的财富观和价值观。

徽商建立的新安会馆

三、徽商与市镇中的会馆

　　说到徽商与市镇的关系，不能不提到市镇中的徽州会馆。因为徽商在市镇中的很多活动，都是以徽州会馆为依托而开展的。徽商在市镇中进行的慈善事业有的是以个人的名义，有的就是以徽州会馆的名义。市镇中的徽州会馆是徽州商人聚集议事、节日团拜、祭祀神灵的场所，也是徽州商人的精神家园。徽州会馆往往成为一个市镇的标志性建筑，对市镇的方方面面都产生了很大的影响。

　　商人会馆的产生有着复杂的背景。概括地说，它是明代中叶后商品流通迅速发展、城市市镇数量与规模的扩大、商人团体由血缘体制向地缘体制逐渐转变的产物。

无徽不镇

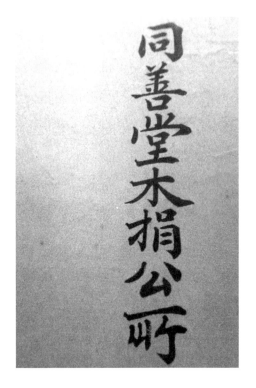

晚清时,徽州六县商人在芜湖创立同善堂

徽州商人的创业是以血缘关系为纽带的,徽商宗族观念很强,热衷于聚族经商,结成一个个商业团队,少则数人,多则十几人,几十人,甚至几百人。随着商业的发展,再由血缘扩大到地缘。在商品收购、运输及销售的各个环节中,商人需要融资、交流信息、甚至市场垄断,有了宗族团体,这一切就容易实现,才可以降低交易成本及风险。徽商在经营中结成各种网络,网络中的"结"就是一个个徽州商人或小团体,这种网络的粘合剂就是血缘和地缘关系。徽商经营范围有多大,徽商的经营网络就有多大。徽商深深体会到,在经商中由血缘关系结成的团体扩大到由地缘关系结成的团体,对商业的发展具有更大的促进作用。徽州会馆就是在这样的背景下产生的。

会馆或由地方官员、或由具有功名的"职监"(多数捐纳而得)商人、或二者共同倡建而成。因为建立一个会馆远比商人自开一个门店要艰难得多,最重要的是需要大笔资金。建会馆首先要买地,而且需要较大的地块,而空地又是很少的,这就必须要牵涉到拆迁,拆迁所需资金和其他麻烦就更多了。既是会馆就不能马虎将就,要建成标志性的建筑,又是一大笔资金。会馆建成后如何运作,如何维持,这都不是简单的事。只有徽籍官员和商人共同合作,才能解决创建过程中的一个个困难。徽籍官员出面,可以利用自身的威望、影响和社会关系等人际网络资源,激起同乡商人的兴建热情,以自身为表率动员同乡捐款捐物,并时刻关注着其兴建过程与资金出入。徽州商人是明清时期地域商帮的典型,以资金实力雄厚、地域分布广泛、经商人数众多而著称于当世,在会馆创建过程中,徽商在资金方面所起的作用最大,这是毫无疑问的。所以在徽商比较集中的市镇,往往都建有徽州会馆。

早在明代嘉靖年间,歙县籍的在京官员和歙县在京商人就在北京建立了歙县会馆,就建在今天的广安门大街东段附近。到了清代,徽人在北京建了更多处会馆,有休宁会馆、婺源会馆、黟县会馆、绩溪会馆、安徽会馆等。浙江是徽商非常集中的地区,明清两代建了近三十所会馆,仅杭州徽州人就建有五所会馆:杭州徽商木业公所、徽商公所、新安会馆、徽国文公祠、徽州会馆。浙江省下面的府县镇一般也都建有徽州会馆。

随着会馆运行模式的固定与规范,会馆自然地成了商帮的物化符号与权威中心。作为同乡商人利益的代言人出现在经营活动与社会生活中,其倡建者或管理者"首事"、"董事"也就成了同乡的法定代表,原有零散的集体行动亦归属于他们的领导之下。这样,会馆又成了同乡组织的代称。商人在会馆中聚会祭祀、团拜宴饮,同乡情谊更为密切,徽商也以会馆的名义举办各种慈善事业。会馆又牵头化解同乡之间的争端、与土著居民或他处客民之间的矛盾,维护本帮的社会形象。

翻开徽商会馆史可以发现,原来有那么多趣闻轶事都与徽商会馆有着直接的联系,下面我就选几个小故事来说说。

王茂荫徽州会馆作官邸:王茂荫是徽州歙县人,清朝货币理论家、

无徽不镇

王茂荫像

财政学家,道光十二年(1832)进士,在京城为官三十年,历任户部主事、员外郎、迁御史、户部右侍郎、兵部左侍郎、吏部右侍郎等高职。也是马克思在《资本论》中提到的唯一中国人。然而,他"京宦三十载,恒独处会馆中……未尝携眷属"。作为一名京官,不住官邸,不带家眷,而长期住在徽州会馆里,粗茶淡饭,节俭自奉。而且这不是一天两天、一月两月、一年两年,而是一住就是三十年。这比起那些一做上京官,就大肆营造自己的豪宅,花天酒地的官员来说,真是天壤之别啊!王茂荫常说:"我以书籍传子孙,胜过良田百万;我以德名留后人,胜过黄金万镒。"可见王茂荫的清廉公正之一斑。徽州会馆原为明嘉靖年间在京的徽州茶商、漆商捐资而建,作为徽州来京官员、商人聚会的场所,位于现今北京宣武门外大街。乾隆五年(1740)重建,改为举子入京会试居住之地。王茂荫在京任职期间,不携家属,不带仆人,独自居于该会馆北院内。徽州会馆是二进四合院,东临宣外大街,南北宽四十六米,东西长五十五米,现基本保存原貌,成为北京名胜古迹"王茂荫故居"之一。

康有为在安徽会馆策划变法:康有为在谋划变法的时间里,虽然居住在北京的南海会馆,但是很多活动都是在位于北京宣武区后公孙公园胡同三号、二十五号与二十七号的安徽会馆内进行的。这座安徽会馆,是由李瀚章、李鸿章兄弟于同治十年(1871)倡议、并得到淮军将领们的集资响应、购下孙承泽的别墅故地而兴修建立的,据李鸿章亲自撰写的《新建安徽会馆记》记载，"共糜（花费）白金二万八千有奇"。安徽会馆的总面积为九千多平方米，屋数百间，有三大套院与大花园，馆内"杰阁飞翕，嶕峣耸攫"，"叠石为山，捎沟为池，花竹扶疏，佳树延荫，亭馆廊榭，位置妥帖"。康有为为什么大多在安徽会馆来策划变法活动呢？就是因为与"公车上书"有关。所谓"公车上书"，是指

康有为像

清光绪二十一年（1895），康有为率梁启超等数千名举人联名上书光绪帝爱新觉罗·载湉，反对在甲午战争中败于日本的清政府签订丧权辱国的《马关条约》的事件。参加"公车上书"并签了名的主要人员中，就有当时赴京参加会试并下榻在安徽会馆的周维蕃、胡殿元、胡嘉楷、何永培、胡腾逵等多位安徽籍举人。他们都是活跃分子，被康有为所倚重，故康有为经常来安徽会馆商量一些变法大事。在这里他们撰写了《上清帝书》、成立了"强学会"、创办《中外纪闻》（即《万国公报》）等。康有为在"公车上书"没达到目的之后，就"日以开会之义号之于同志"，陈炽以为"办事有先后，当以报先通其耳目，而后可举会"。于是在设会之初，先行办报，光绪二十一年（1895）中国近代史上维新派的第一张报纸——《万国公报》（后改名为《中外纪闻》）在安徽会馆创办。康有为等人在安徽会馆内还创立了早期组织——强学会，这是中国近代史上维新派的第一个政治团体。当时众多维新派的仁人志士

无徽不镇

云集于北京安徽会馆内集会演讲,共商国是,北京安徽会馆也就成为"戊戌变法"的策源地之一。1900年八国联军侵占北京,会馆被德国侵略军占领,德军在此烧杀抢掠,无恶不作。1937年日军侵华,会馆又落入日寇之手。其后,会馆主要建筑又毁于火灾。如今会馆现存建筑大部分改为民居,仅戏楼仍保存完好。

戴震徽州会馆避仇人:戴震三十三岁时因避仇人而入京城,寄居徽州会馆,在艰苦环境下钻研,三十

戴震像

九岁考中举人。其后六次参加进士考试,由于思想观念与程朱理学不尽吻合,均未及第,也一直在徽州会馆内食宿。五十一岁时,经四库全书总编纂纪昀推荐,入四库全书馆为专职纂修官。五十三岁被赐同进士出身,授翰林院庶吉士职务。不久,因为劳累过度而患病,又被庸医误诊,不幸病逝于北京崇文门西的范氏颖园。灵柩由夫人率子运回故乡,葬于休宁县商山乡几山头前,今墓犹存。可以说,北京徽州会馆造就了一代学术巨匠、"前清学者第一人"(梁启超语)——戴震。

胡适绩溪会馆任董事:胡适不但为设在南京的徽州会馆题写过"我们是徽骆驼"的题词,而且在他1918年来北京后不久,就应邀出任了设立在北京椿树头条路北的绩溪会馆的董事,并兼任过绩溪同乡会的会长。而在此之前,胡适的父亲胡铁花就专门出钱修整过绩溪会馆;在此之后,1919年,胡适还策动安徽驻京各会馆的同乡们的力量,实施了对被捕入狱的安徽老乡陈独秀的营救并最终成功保释出狱。

　　安徽会馆诞名戏:清初戏曲家洪昇和孔尚任分别创作的《长生殿》和《桃花扇》,是我国戏剧史上非常著名的两部经典剧目。它的诞生,居然也与我们安徽的会馆有关。《长生殿》就是1698年在安徽会馆里首演之后,才轰动一时,"圣祖称善""传唱甚盛",从而成为经典的;而《桃花扇》则是1700年在北京位于菜市口绳匠胡同(后改为丞相胡同)的安徽休宁会馆之"碧山堂戏楼"里首演的。首演大获成功,从此名扬四海。

　　"状元县"休宁会馆立头功:清代北京绳匠胡同内的休宁会馆,原是明代相国许维桢的宅第,因而成为明清时代京师的"会馆之最"。休宁会馆里,屋宇宏敞,廊房幽雅,内有三大套院和一个花园。套院里,有专门悬挂写有皖籍中试者姓名匾额的文聚堂,有祭祀朱熹和历代名臣的神楼,有戏台,还有碧玲珑馆等建筑。花园里,有云烟收放亭、子山亭、假山、池水,会馆总面积达九千多平方米。清光绪六年(1880)进士、江南道监察御史李慈铭,曾在该馆的碧玲珑馆中宴请朝鲜使臣之后撰文,盛赞休宁会馆景物"颇有竹石,清池曲栏,重杨映之,为最佳处"。休宁会馆不只是规模宏伟、环境优美,而且更注重创办学

休宁县的中国状元博物馆

堂,慈善助学,为本籍子弟提供求学场所和为本籍举子会试创造优越的食宿条件,以及为及第的本籍榜眼、探花乃至于状元,举办"归第"接受喜报仪式,并操办演戏、盛筵等庆贺活动,然后再负责将喜报送往休宁老家(或及第者的寄籍地)。这就确定了休宁会馆标准的"试馆"特质,同时更诠释并揭示了休宁县之所以能够涌现出十九位状元以及成为"中国第一状元县"成因的冰山之一角。

明清时期遍布各地的徽州会馆还有一个很重要的职能就是慈善,尤其是对徽人病、故的善后工作。我们知道,那时徽商足迹遍布全国,几十万人长年在外奋斗,会遇到各种各样的问题。有的失业,没有颜面回乡,在哪临时安身? 有的染病,旅店不能居住,在哪暂时疗养? 有的生病,医治无效因而病故,棺枢在哪临时厝放? 又如何运回家乡安葬? 这些难题的确是绝大多数徽商都会面临的。徽人极重族谊乡情,"以众帮众"是徽人的传统,针对这些困难,徽州会馆发挥了重要作用。芜湖同善堂就是帮助徽人处理善后的一个徽商组织。无疑,芜湖同善堂是在芜经商的徽州人共同建立的一个慈善组织,专门帮助徽商解决一些困难,充分体现了"以众帮众"的精神。复旦大学王振忠教授收集到一份文书,命名为《同善堂规则章程》,为了便于大家了解它的情况,现将此规则移录如下:

盖闻德重善行,功在人为,我等祖籍徽郡,贸易芜湖,历久以来,人才济济,各安生业,原无他顾。特思芜邑地接长江归徽要道,六邑之服贾者,咸以此为冲衢之地。同乡之人,或有失业,或有过往,无所寄宿,一似穷无所归。夫旅馆萧条,莫拯行人之疾;荒郊寂寞,难招客之魂。身受难堪,旁观太息,况复停棺古寺,暴骨寒林,惨目伤心,大为嗟叹。合议设法公所,原可众擎易举。奈因六邑之人，一时难以齐集，若徒日久无成，究属空言无补。我郡同人，暂为创始。酌议在芜生理之人以及家于此者，无论老幼，逐日捐取厘头钱文，每位各出以一文为始、十文为止，随人自输。惟是零星取理，仅可助生人之往来托足，未恤白骨之隐现荒郊。必也结屋数椽，使抱恙者于焉养病;构楹一所，

芜湖古城江边一瞥

使不起者暂为停棺。更期多置义地，安葬坟枢，生死同归古谊，乡城不异家园。第创始粗定规模，而办理永垂久远。条规既繁，开销必广，欲慎终于始，必先难而后易。倚此些些小缘，恐难敷衍乎大功。公议开号、居家同人，法宣圣之殡用，效王公之瘗旅，或捐输多金，或十百助缘，或各行议打厘头，俾其羁魂有托，不至为厉于兹墟，则功德无量，亦属种瓜于心地矣。至于乐输台甫，自当永寿贞珉，谨启。暂议规则章程，公同斟酌:

一议乐输厘头随人情愿，毋庸勉强。

一议收取厘头钱文，六邑之人，约分各行业肆，公议或十位、或八位，查收钱文，以便附便，免得琐碎难归。

一议来往同乡之中好善乐施，与夫寄居芜邑欲种福田，不便零星厘头，另设捐簿，或银或钱，以一两至百两，俱可入局登名，不必拘泥资格，以阻善缘。

一议堂内公举一实持重之人看管,并带下役一人,以便行使。

一议往来同乡亲友入寓住宿,必须局内之人保举,方准入寓住宿,自带行李,自备伙食,议留三个月为度,不得多住,候堂内充实,再为增益。

一议置造房屋,只要平平,不必求其精致,议取"同善堂"名。

一议有等游手好闲、来历不正之人,即局内保举者,亦不准留住,如违,管寓之人,即行辞出。

一议寓内住宿之人,无论冬夏,定以二更为度,如二更不归者,寓内不准开门纳入,如违,管寓之人,即行辞出。

一议寓内住宿之人,各宜谨慎安分,倘有酗酒斗欧(殴)以及嬉戏嫖赌等事,即交保举者领出无辞。

一议寓内住宿之人,设立行簿,或立粉牌,以便登名,并住何邑何乡,保送何人,记定日期进出。

一议同乡之人有身体不快者,进入寓内养静,自备饭食调理,不拘月日,倘有风烛不常,听在寓内装收,以作家庙办事。至于抬柩脚夫、土工,堂内有规条,不得多取,亦无争端。

一议堂内预备各样棺柩,照立号,倘有要用,原价取用,免得临时吃亏。候建造工竣,稍有余资,再议给送,以助贫家不足之便。

一议孝子贤孙,诚心带柩归乡,实有力不足者,堂内酌议贴补资费。

一议建造长楹屋宇,以便暂寄棺柩,以三年为度,如过期不带者,堂内即行编号,代葬义地。

一议堂内置买义地数处,以便埋葬,便于稽查,不致错误。每逢三元之日,堂内议办银锭、纸钱焚化。

一议经手董事者,工竣后,每月以朔望二日入寓查察银钱账目等事,每月两次,以整□肃。

该规则的宗旨就是为徽人解决困难,处理善后。共十六条,规定得相当细致。

同善堂的运行经费完全是在芜徽商"随同情愿"捐输,捐输所得有专人负责收取、登记,杜绝一切舞弊。"往

芜湖古城一瞥

来同乡亲友入寓住宿,必须局内之人保举,方准入寓住宿,自带行李,自备伙食,议留三个月为度"。这样那些临时失业之人,过往之人的住宿问题就解决了。更重要的是,徽商如果"有身体不快者,进入寓内养静,自备饭食调理,不拘月日",这样患者就可在此安心疗养了。尤其是万一病故,可以在此装殓,以作家庙办事。同善堂还"预备各样棺枢,照立号,倘有要用,原价取用,免得临时吃亏。候建造工竣,稍有余资,再议给送,以助贫家不足之便。"死者子孙如要扶枢归乡,同善堂还可以适当贴补资费。死者如无亲属或亲属无力归葬,那么棺枢可以在堂暂寄,以三年为限。超过三年,"堂内即行编号,代葬义地。"由此可知,同善堂体现了徽商之间浓浓的族谊乡情。有了同善堂,在芜经营的徽商就没有后顾之忧了。

会馆为徽人善后的典范就是杭州新安惟善堂。明清时期,徽州人在浙江杭州、嘉兴、湖州以及江南松江、常州等府经商者不计其数。其

无徽不镇

杭州古城门——古庆春门

中有不幸病故,欲归葬于故里者,杭州乃必经之地,然后再由新安江而上达徽州。为了给归葬之徽商以帮助,嘉庆初年,在杭州经商的歙县商人余锦州看到日益增多的徽州亡故商人旅榇无处安放,于是捐资在钱塘南栅外地方,购地建造厝所数间,安放徽商旅榇。后因厝所狭小,不能满足需要,又于嘉庆二十四年(1819)在桃花山麓募得一块土地,增建厝所数间。余锦州亡故后,其子鋐顺和侄余晃继续管理厝所,并又购地扩建厝所。道光十七年(1837),徽商司事胡骏誉、金高德等又购地二亩,增建厝所二十余间,并建造了厅堂。大批亡故徽商旅榇,从此得到妥善安置。当然,厝所只是临时停放之所,最终还是要运回徽州安葬的。新安惟善堂制定了详细的规章、制度,积极设法联系死者家属,分期分批遣运旅榇,并规定每年至少运棺六十具。有了新安惟善堂,从此徽州各县商人旅榇得所凭依,赤贫者装船送回,无嗣者置地安葬。

咸丰十年(1860),杭州落入太平军之手,新安惟善堂毁于一旦。战后,同治初年,杭州徽商汪鉴人等见杭州的徽人棺木暴露荒郊,合谋重建,当即获得杭州盐、茶二业商人捐助的资金支持,外加各地商人量力散捐,先后在旧址重建厅房以及内外厝所,恢复运棺回籍。后资金渐裕,得以建筑新安别墅,翻建厝所及建亭施茶。光绪初年程野庭主事,此时堂费收入主要来自徽商盐、茶、木、典等四业为主的每年捐助,收入稳定,经费较为充足,在正常运棺施葬的同时,着手大兴土木,修建六吉堂及朱子大厅等。可见,新安惟善堂从由个人的捐资筹建开始,发展成以杭州徽商为主的各业商捐经营;从最初的停厝之所发展成一个集停厝、施棺、运棺、助葬、代葬等为一体的综合性善后组织。同时,它也成为杭州徽商联络乡谊,展开内部善后自助的场所。

新安惟善堂为徽人在停厝、施棺、运棺、助葬、代葬及分设义所等方面做了大量的善后好事。新安惟善堂原则上规定:"首重送回原籍得安故土,次则觅地埋葬。"凡在杭嘉湖及江苏松常等诸郡邑积有徽人旅榇,必须附载到杭,然后扶归故土。有后代并有资力者可暂停旬日,即行运柩回徽,力乏贫穷者难免有积累之虞,惟善堂规定,凡旅榇到所,查明姓氏、里居及报人姓名,登记年月日,柩上标明,予限一年,听其后嗣随时领回,载归故土以全孝思。其或有子贫乏、孩稚无力经营者,山川遥隔,情实可怜,堂中询明属实,惟善堂出资倾助由杭抵徽船只水脚之费,载装回籍,不致羁延。有的家在偏远山村,惟善堂并于各县口岸添建义所,极贫者酌助抬葬之资,分别发送。倘本支乏人,仅有同乡亲戚并无坟茔,无力营葬者,即在杭

新安惟善堂出资设立的义冢

郡另置隙地,代备灰工,妥为埋掩,仍复勒石标名。

善堂还规定,每年春秋两季至少运棺六十具,同时还对善堂和善集的运输工具、费用、抬工定价、义地选择、安葬方法、祭祀焚纸等都详细规定。如此使得江南地区的徽人旅榇得以载送回籍,就地安葬者得以入土为安。

以新安惟善堂为代表的徽商在各地市镇中的慈善组织,虽然服务对象只限于徽人,但这些组织运回或埋葬了无数的尸棺,对于维护当地的社会秩序、减轻政府负担和保证环境卫生确实起到了很大作用。这些行为不仅使旅外徽商后顾无忧,同时也影响了当地的社会风气。正因为如此,这些组织无不得到当地政府的支持,对善堂捐助显著者还得到政府的嘉奖。

四、徽商与市镇的园林建设

徽商大多经过十几年或几十年的奋斗,一般都能发迹。他们在致富解决温饱以后,首先考虑的是培养子弟读书,建祠堂以妥先灵,如果还有余力,则开始追求精神生活了。由于徽商贾而好儒,他们所追求的精神生活总是比较高雅的。比如收藏历代古籍,收藏法书名画,古代文化瑰宝不能失传;刊刻书籍,既可自读也可嘉惠士林;蓄养家班,演出戏剧,既可自娱,也可交友;当然也有不少徽商开始兴造园林。

园林和豪宅不同,豪宅只能住宿,园林却能欣赏到自然风光,漫步其间,观赏四季花木,在亭台小榭中休憩,真是令人心旷神怡。如果再有三五文人士子,在一起赋诗联句,你唱我和,那更是如在人间天堂。所以不少徽商都热衷于兴造园林。早在明代中后期就有不少徽商园林了。

如在歙县溪南就建有著名的曲水园。该园位于溪南杨柳干之东，面积不过十亩，却是别具一格的园林。园中疏圳为涧，道经垣内外，就像无水的城濠一样。园中凿池将园分为南北，如天堑一般。圳入涧道，涧道入池，弯弯曲曲，故称曲水垣。园东南有不少房屋，西面则编柳为墙。房屋前面是一片竹林，穿林跨涧道为桥，穿林而东为"万始亭"，意为万有从此始也。亭北垒白石为山，名"群玉山"。跨涧道为桥，就可看见一个个孤岛如环璧，花石错置当其中。依四棵柏树又为一亭，向东五步为一彩桥。桥东多竹箭，渔者置浮槎水上，可用网捕鱼。竹外为行厨，捕到的鱼又可在此立即烹调，最大限度保持鱼的鲜美。由孤岛而北，再过长杨彩桥，蜿蜒池上。客至可在桥上观鱼，以博一乐。西边又是一钓矶，可在此钓鱼。沿堤西行，堤北修竹百竿。堤南折，走不到五十步，池西堤上栽了七棵梧桐，夏天在此有美荫。中堤可登水榭，名曰"中分"。面西为门，三面临水为窗，东望池畔，楼台花鸟相与浮沉。西望群山在门，如将此景画出，真是一幅绝妙风景画。池南有一驰道，道左临池栽了不少文杏，道右栽了不少丛桂。道中近处为一"御风台"，高宽约二丈，天风至，冷然而游帝乡，如在仙境。台东南，度涧为馌舍，舍临田间，田间劳作者就在此用餐。周边植以灌木，是为灌木庄。

顺着檐下的走廊，经历两道门进入"水竹居"，主人就是从此处开始兴造此园的。其后小楼，高常有四尺，藏书五车。由藏书处达"盘楼"，由阁道处达少广，盘楼则置夹室，少广则置都房。由藏书四达，皆三室，是为十二楼。其西为"青莲阁"，绮疏如蔚蓝。青莲下为"清凉室"，室左为"洞房"，宜避暑。由洞房北出，当户竖一太湖石，卷石状如美人。北面是"迎风坐"，四门洞开。迎风北户以西，栽了梧桐，不到十年已成拱抱。拾级乘磴，西北累黝石为小山，山北为"三秀亭"，亭北栽

无徽不镇

上木芍药。当药栏下，半规为曲池。迎风西户入"水竹居"，东户入"高阳馆"。馆南为垣屋，阖户以居。去垣不尽五步，又聚美石为山，石乃震泽产也。群山大者岳立，小者林立，疏茂相属，其高下有差。高则二丈多，下则为四尺。假地石形状各异，如雕几、如枯株、如垂天云、如月满魄、如轩、如跱、如喙、如伏兔、如翔风、如姑射神人、如美女举袖舞腰、如勇士荷戟站岗。窍山为洞，出东隅为台。流水沿西麓东行，不尽三之一，潜于麓，入于池。去山不尽十五步，为"四宜堂"，堂内可放五张筵席。四面疏户，户外皆重阶。居者于"四望宜"，即四时皆宜也。台东穿薄而入，得"玉兰亭"，亭西多栽玉兰，亭东累奇石咫尺，亭北穿薄而入，"止止室"在焉。室西曲房，足音罕至，盖便坐谈心也。池南则自"万始亭"到"御风亭"止，池北则西自步廊到藏书楼止，东自"高阳亭"到"止止亭"，三分鼎立，水榭居中，灌木则附庸耳。垣以内花数十百品，树有千章，鸣鸟千群，涧道夫容千茎，鱼千石。真是美不胜收。

吴姓徽商自从决定兴造此园，每年动用百十人劳作，花了二十年的功夫，费去几千两银子才告成功，成为远近闻名的园林。

明代歙县有曲水园，在休宁屯溪则有遵晦园。这是明代徽商朱介夫的儿子朱俊父特地为父亲所建造，以供父亲告老还乡后享用的。朱介夫本是一个儒生，成人后弃儒服贾，到两淮经营盐业，大获成功。朱介夫又是慷慨倜傥之人，在两淮交游甚广，然诺重于千金，"吴越士大夫争趋之。人有急，赴介夫，往往倾身而脱人于厄（急难）。"年老时有归乡之意。儿子朱俊父知道父亲平时酷爱邀请三五好友或驾方舟、或登青山，吟诗作赋，谈天说地，故想到家乡祠堂旁的一块地，父亲承祖父之志，曾在这里建立祠堂和塾学，平时训子教孙，是一块风景极美之地。其地枕山带水，宜可为园。此地很大，有不少房屋，还有美竹千竿，嘉树千章，在此基础上朱俊父又增益之，种了各种花草。并因地制宜,兴建了亭、台、阁,假令四方之客日至,皆可在此居住。朱俊父还雇人种秫百石,用来酿酒,又种了更多的粳米,客人来了,可饮可饭。池有食鱼,垣有豢豕,客人菜肴也可就地取材。虽然我们今天无法详细描述此园的具体情况,但仅从上面文字介绍来看,肯定是一个相当优雅的园林,一定会为屯溪镇增色不少。

遗憾的是,园已建好,就在朱介夫准备返乡前夕,遇到一场大难,可能是一场官司吧,朱介夫死于此难之中。虽然朱介夫未能见到此园,但遵晦园却永远留在历史上了。明代著名学

徽商园林一瞥

者和官员汪道昆还专门写了一篇《遵晦园记》呢。

汪道昆还写了一篇《荆园记》,正是凭借这篇《荆园记》,我们又得知一个园林的情况。明代休宁东部有一个地方叫草市,与歙县接壤。草市上有一孙氏,也是出外经商致富,但不幸早逝,留下三个儿子,长子承训,老二承海,老三承谦。父亲早故,长子承训当家,弃儒经商,继承父业并光大之,经过多年奋斗,也致富发家了。

如今父亲不在了,还有母亲,兄弟们决定将未给父亲尽的孝心一定要加给母亲,这样父亲在天之灵也会感到欣慰。他们从地上的荆树得到启发。古人曾说:"夫春树桃李,夏得荫其下,秋得食其实;春树蒺藜,夏不可采其叶,秋得其刺焉。由此观之,在所树也。"他们认为如果不孝,就会像种荆一样,得到刺啊!为了尽孝,乃就居所之旁建一园林

来娱母。大约相距一百八十步,面积五亩左右。花了四百多两银子买了这块土地。他们像当年父亲一样,建一小亭,亭旁种竹,号为"竹亭"。长兄承训认为,海上有三山,岿然万古不磨,故欲鼎立无若山立,所以他想借助神话中的六鳌架起三山。于是买了一百船的吴地所产石头,十船黟县所产石头,掺和在一起,垒起三座假山,列峰峦洞壑于其上。又划出一块地凿泞池以像裨海(小海)。面山临池为广坐,辟四门而周边辟有步廊,四坐各广四筵,轩然爽垲,命名曰"石林坐"。坐后为垣墙,垣东一方为高阁。面对玉屏山而背负浙江。阁东上为衡楼,楼西为寮,寮为"虚白室"。又西则为小轩,南向,命名曰"南荣"。对"南荣"而北峙者为层楼,盖"竹亭"左方也。园林建成后,命名为荆园。虽然荆园并不很大,但园林中的要素皆已具备。有山,有水,有亭,有阁,有楼,有轩,有竹,有石,还有四时鲜花等,确实是一个别致的园林。

荆园既然是为了娱母而建,那么建成后,三个儿子就用轿子抬着母亲在园内周游。母亲年纪大了,眼睛也看不太清楚了。在园内只好不断询问儿子们:"紫荆开花了吗?""开花了。""开得茂盛吗?""茂盛。"又问:"梅花开了吗?""开了。""木兰开花了吗?""开了。""桃树、杏树、梨树、李树开花了吗?""都开了。""水中的芙蓉开了吗?""也开了。""丛桂、丛菊开花了吗?""开了。"母亲虽然看不见,但一想到各种花开的情景,真是非常高兴,就像王母娘娘在瑶池一样。诸子又分别给母亲敬酒祝寿,母亲一一承纳,喜极而归。

客人来了,承训则热情招待,供具为欢。客人一致评价,此园远离市嚣,曲水沉沉,优雅美丽超过州城。

就在荆园之旁,十几年后又兴建了一个奕园。荆园是孙承训兴造的,而奕园则是承训之子照邻建成的。也许是觉得荆园太小了吧,照邻看到荆园之北的水边还有三十亩的地块，觉得这块土地距荆园之门不过百步，又靠水边，于是买了下来，建起了奕园。他首先建造了一个三楹小楼，垣墙旁栽

徽商园林一瞥

竹千竿，远远望去，就像一堆美玉，一阵风吹来，似乎发出敲击美玉的声音。此楼汪道昆命名为"孚尹"，孚尹，即浮筠，竹之色也。由楼左折而有不小轩，名之曰"俶吉"。轩东有楼，名曰"兰生室"。以兰名室，意在祝主人多生男孩。楼中贮有灵璧石，非常别致。过室北长庑而东，又有一阁，名之曰"息机门"，虽设而常关，人们可于此闭目澄心，读书养神，檐端鸟巢可俯而窥也。长庑尽头而有一亩地，垒筑高垣，中分之，外面是厨房，里面是浴室。倚园为洞，名之曰"冰肌坐"。园隈有一斋，其门可南可北，若褒斜谷，绾毂其口，故名之曰"绾毂斋"。斋前有室三楹，名之曰"香粟区"，打开西门又有屋三楹，名之曰"西堂"，堂北有台、有栏，植两种芍药，名之曰"寄谑"。前楹之西，西山群峭摩空，南面植梧桐数十株，柯叶庵霭，人在树下，炎暑为之清凉，名之曰"引新送爽"。新梧初引，萧露晨流，西山朝来，致有爽气，其景入秋更胜。北面有小榭，更宜观雪，明代著名学者李维桢摘南北朝诗人谢朓之诗句，名之曰"珠灵"。左面有亭，亭旁种了很多海棠，李维桢摘唐人诗句名之曰"花仙"。更左一亭有梅数株，李维桢想到宋代诗人曾端伯曾以十种

花各题名目,称为"十友",梅花为"清友",故将此亭名曰"清友亭"。右边有一池,芙蓉千茎,可倚朱槛临池观赏,故名之曰"泽芝槛"。西有一楼,楼下多种梨花,白居易《长恨歌》有诗句"梨花一枝春带雨",故将此楼名之曰"洗妆楼"。循池而南,是一块场地,农田收获的稻谷都在此集中,故名之曰"登丰场"。循场而东,有"玉脂堂",灵芝尝产其中。堂有一室,可以读书,古人有"心若醉六经",比喻潜心经学,故将此室名之曰"清酣"。还有一书库,图史充栋,名之曰"嫏嬛","嫏嬛"是古代传说天帝藏书之处。场前上为阁,下为巷,纡曲迤丽,像舫浮于水,名之曰"银汉槎",又像彩虹为桥梁,李维桢根据南朝梁江淹《赤虹赋》有"既以为驿罄四鼋之驾"句,名之曰"驿罄驾"。北面种植橡、橙、柑、橘,旁有"四璇亭"。再南面又有一阁,阁中眺望,群山环绕,北则黄山三十六峰,矫矫如轩后乘龙御天,东则石耳山,南则锡山,西则某山。之所以"见思"名阁,其意非在山水,而是看到南面父亲构筑的荆园,想到父亲拮据三十余年,一木一卉,一榱一枅,一石一甓,手泽存焉。而是阁无不见之而思其孝心。阁后屋三楹,上覆以石为台,李维桢名之曰"羽人之馆"。折而往北,又有一地,复以种竹,竹较乎尹高大,竹中又建有亭,名之曰"凤嬉坪德"。再往前就是"松门庵",庵北又有一鱼池,万头芙蓉,四周藻芹、蘋蓼、翠粲散落,三面竹篱,一面蔬畦,四时皆蓄无乏,名之曰"旷圃"。

由上所述,可知奕园比荆园要大六倍,其景也更多,四季时花不断,亭台楼阁俱全。既可漫步吟诗,也可静心读书。既可远眺近观,也可戏水登山。在草市镇上有这么两个园林,确实使小镇大为增色。

休宁还有一个地方叫商山,位于休宁县城的东南部,新安江的重要支流——率水、兰水两大河系环抱全境。据老一辈人说,商山原名单山,是以一座山的名字命名的。明清时期,由于此地从商人数极多,足迹遍向全国各地,所以改称了商山。这里居住着著名望族吴氏宗族,几乎有上千家,很多人家因经商致富。其地多山,山上郁郁葱葱,山下山涧萦绕,风景优美。因人们经商致富,所以商山华屋栉比,很多人家都因势作景,建有别业,也就是园林。

休宁商山黄村

其中最著名的是吴内史建的季园。内史有九个儿子,吴幼时是老八。吴幼时特别喜欢兴建园林,不亚于其父。就在季园附近,吴幼时又建起了雅园。根据李维桢为他写的《雅园记》,可以看到这个园林真是非同一般:

当初,季园有个夹谷堂。出堂而西,遵山循涧,走数百步,就是其祖父墓地。雅园就在附近,折而东行约二百步,来到一四面高中间凹下的地方,为"朝天坞",坞背北朝南,其峰千仞,紫气丹霞,弥漫笼罩,如传说中的天门阊阖,朱旗彩仗,护从纷纶。左右都是沃土良田,沟塍刻镂,稻花盛开,上风吹之,五里闻香。其畔桃李春花万树,如金谷玉洞。间以松竹,高耸垂阴,云日半隐半现。当山之半腰,竟建筑一堂,

无徽不镇

五楹小楼,长庑辅而掖之,可以居高明,可以远眺望,南山秀色可餐。其兄命名此堂曰"南山"。山麓诸水发源岩穴,汇集而为沼,千仞悬崖丛鱼游跃,此景真是少有。水复溢而为涧,不由令人想起南朝文学家沈休文所谓"洞澈随深浅,皎镜无冬春。千仞写乔树,百丈见游鳞"的诗句。水上各种动物如凫鹭、鸥鹭、鸡鹍、鸐翠等时而可见,各种植物如苹蘩、蕴藻、菰蒲、葭菼等所在而是。水中的石头奇形怪状,受雨受风,喷薄沸腾,迴复汩急;其声像笙簧、像钟鼓、像雷霆、像鼎沸;水流又像涟、像沦、像瀑布、像垂帘,不可殚状矣。绝壁有几百年古松,猿鸟鼯鼯,在其此奔走托宿。堂后由东而西,山如堵墙,有竹万竿,琳琅之韵,耳目应接不暇。穿竹而上,石径盘纡,沿径而上,仿佛到了仙境,颢气清英,千岩万壑可俯而窥,夜则瑶光可鉴,玉绳可揽结也。季园所有一一在目,主客每每在此徘徊,久之不忍离去。

徽州盆景影壁墙

西有小山,百步三折而至,有"玄览亭",小憩以苏登山之劳。西下忽有人烟,出木末则一小聚落,可见鸡犬篱落,真如桃花源里武陵渔夫乍见秦客。其傍通幽谷,入之廓然可容千人坐,就像函谷关一样。谷外为圃,周边种有各种树木柏、松、杉、梓、柳、梧桐、竹类,应有尽有;各种果树如梅、枣、梨、栗、李、杏、柿、桃、榛、葡萄、枇杷琳琅满目;各种蔬菜花草生长茂盛。一切服食器用取给,皆土所产,皆时所有。来到此园无论春雨、夏云、秋月、冬雪,无论朝曦、夕阳、山光、水态,无论禽言、花气、茂对、时育,无所不佳。而居家于斯,歌哭于斯,聚族于斯,真是百无忧愁。

由于主人贾而好儒,家中藏书丰富,四部九流,大都略备。法书名画、鼎铠琴剑,陈列在案。笔研精良,人生一乐。以钓、以牧、以耕、以嫁、以薪、以蒸,密戚胜友在一起谈以茗,饮以香,熏以召,论文说诗,击磬弹琴、奏笛弄箫,无声色狗马之娱,真乃人生一大乐事。

除了上述这些园林外,徽商还兴建了不少园林。如商山的"素园"、休宁的"冰玉山房"、休宁阳湖吴福恺的"东园"、歙县西部吴氏的"柴塘"等,当然经过几百年的风雨变迁,它们如今都不存在了,但有的也保存至今,如檀干园。

檀干园局部之一

无徽不镇

檀干园位于徽州歙县西边十一公里唐模村村口,此村以许姓为主。明代开始就有不少人外出经商,也有不少人发家致富。明末清初,村中有一许氏富商以典当起家,后在江浙一带拥有"三十六典",成为巨富。但他对老母极孝,老母听说杭州西湖很美,梦想哪天能够亲临西湖游览,但她年老多病,艰于行走,而且当时交通极其不便,无法实现这一愿望。为了满足母亲这一夙愿,许氏就想在村口按西湖模样仿造一个小西湖,于是出巨资模拟西湖景致,修筑亭台楼阁、水榭长桥,湖堤遍植檀花和紫荆,又有一泓小溪缓缓绕流,取《诗经》"坎坎伐檀兮,置之河之干兮"之意而名曰"檀干园"。檀干园又称"小西湖"。乾隆年间,许氏家业发展到鼎盛时期,对檀干园又进行了增修扩建。檀干园占地约24亩,分东、中、西三个独立景区。

东部景区以自然山水为主题。景区内的平岗山树木葱茏,檀干溪宛转曲折,西部入口处建有石牌坊和八角石柱亭。亭前古樟蔽日,溪桥静卧,景色自然清幽。过亭畔小桥折向南行,便可登上平岗山,尽享山林风光。东都景区内山水相映成趣,风格明快自然,充满山野情趣。

从石牌坊向西,过响松亭,便来到檀干园正门,进门沿台阶而上可至确皋精舍,此为园中主体建筑,呈双廊结构,徽式风格,宽敞轩昂。确皋精舍所处庭院,散植花木,摆设盆景,自成一园,构成全园景观中心。舍北建有廊亭,临湖而立,为赏景佳处。

往西便是小西湖的水景了,仿西湖也建了湖堤、拱桥,将水面隔为内、外湖。湖心建有镜亭,飞檐翘角,飘逸灵秀。亭四周围以石栏,如今亭壁间嵌有宋、明、清三朝名家书法刻石十八方,龙蛇隐壁,铁画银钩,镂刻精细。亭外荷风送爽,亭内文风醉人,真是妙不可言。内湖建有笠亭、沙堤、石舫等景观,北岸有长堤横卧,系仿西湖白堤而建,堤上植垂柳,并设有石桌、石凳。外湖岸边檀树茂盛,檀干溪沿湖流淌。水

面开阔，自然疏朗，小
西湖与平岗山相映生
辉，营造出山为水峙，
水为山映的无穷意
境。想必许氏老母身
临其境，会感到极大欣
慰的。

檀干园局部之二

综观上述徽商建
造的园林，有着鲜明的园艺特色。首先，小巧、洗练是这些园林的基本
特征。徽州地少人稠，土地极其珍贵，建造大园过于奢靡。徽商追求
一种恬静平和的生活，又希望可以炫耀财富。于是，追求小巧精致成
为时尚。在园内布局、建筑构造、凿池、山石、植物配置等方面，都精细
恰当。其次，这些园林多得景随形。徽州处万山中，本来自然风光就
很美，徽商的这些园林很善于因地制宜，借势而为，借形成景，自然山
水成为园林中的重要部分。

以上介绍的都是致富了的徽商为了孝敬双亲或为了老而自娱而
在家乡兴造的园林，还有很多徽人长年在某地经商，就在本地落籍。
他们在落籍地也建造了不少园林，比如在杭州、苏州的一些园林就是
徽商兴建的，尤其在扬州，徽州盐商大都集中于此，他们又富甲天下，
因此兴建的园林也最多。清代中叶李斗写的《扬州画舫录》中，专门记
录当时扬州的社会风情，其中就记述了众多徽商营建的园林。据统
计，扬州园林在清代中叶最盛时，多达二百多处，其中相当部分就是徽
商园林。

那时徽商为什么大造园林？还有一个重要原因，就是迎驾。我们
知道，康熙、雍正、乾隆时期一百三十多年是清王朝的所谓盛世，社会

无徽不镇

经济得到持续发展。而康熙和乾隆又都有南巡的欲望，康熙搞了六次南巡，乾隆效法其祖，也搞了六次南巡。每次南巡，扬州又是必到之地。御驾亲临，地方官总得想出办法以效忠心，于是他们明里暗里示意徽商建造园林，以供皇帝游览。徽商何乐而不为呢？反正有钱，如果皇帝能够到自己的园林中一游，那将是无上荣光啊！

小玲珑山馆局部

比如康熙、乾隆时期的徽州祁门盐商马曰琯、马曰璐兄弟，人称"二马"，继承祖业在扬州业盐，兄弟俩花了三年时间建了一座园林"小玲珑山馆"。园内共有十二景："看山楼"可以登楼远眺，江北诸山，影影绰绰；"丛书楼"藏有大量图书，且有很多精本、善本，乾隆时国家纂修四库全书，号召各地献书，马氏由于献得多，乾隆皇帝特赏赐古今图书集成丛书一套五千多卷，就贮藏在此楼里；"透风轩"盛夏可以披襟纳凉；"透月轩"晴夜可以把酒赏月；"红药阶"栽种亳州移来的芍药一畦；阶旁有一"浇药井"用来浇灌芍药；"梅寮"栽种了名贵的红梅、绿梅；寮旁以石垒起一景名为"石屋"，一到夏季，此处可谓"嵌空藏阴崖，不知有三伏";"清响阁"四周栽上修竹,阵风吹过,竹叶沙沙作响;园中还建一庵,庵中有百年老藤,盘根错节,形如怪龙,每年春天,老藤上花儿齐放,星星点点,煞是好看,乃

小玲珑山馆之透月轩

将此庵命名为"藤花庵";由庵前行,便是草亭,亭旁矗立七方山石,各擅其奇,故名"七峰草亭";草亭四隅相通处,又建有长廊环绕,暇时小步其间,吟咏觅句,所以又得一景为"觅句廊"。

园林建成后,二马经常盛邀水方文人耆宿来此游览、雅集,吟哦唱和,研究学问,留下了很多脍炙人口的诗篇。

乾隆年间的两淮总商徽州人江春建有多个园林,如乾隆二十七年(1762)皇帝南巡,江春事先就花大力修治虹桥之东园,以供皇帝游览。该园本名"江园",园门在虹桥东,进了园门,只见竹树夹道,竹中构筑小屋,称为"水亭"。亭外建有"清华堂",正临水际。后有"青琅玕馆",其外为"浮梅屿竹"。竹后为"春雨廊""杏花春雨"之堂,堂后为"习射圃",圃外为"绿杨湾"。水中建亭,额曰"春禊射圃"。前建敞厅五楹,乾隆皇帝赐名"怡性堂"。堂左构子舍,仿泰西营造法,中筑"翠玲珑馆",出来又是"蓬壶影",其下即"三卷厅",旁为"江山四望楼",楼之尾接"天光云影楼",楼后朱藤延曼,旁有"秋晖书屋"及"涵虚阁"诸胜,又有"春波桥",桥外有"来薰堂""浣香楼""海云龛""舣舟亭",桥里

无徽不镇

徽州大盐商江春

有"珊瑚林""桃花馆"以及"勺泉""依山"二亭,由此入"筱溪莎径"而至"迎翠楼"。江园门与西园门衡宇相望,内开竹径,临水筑曲尺洞房,额曰"银塘春晓",园丁于此为茶肆,呼曰"江园水亭",其下多白鹅。园建好了,皇帝来了。乾隆皇帝在江园内漫步游览,看到这步移景换、与康山草堂迥然有别的园林,龙颜大悦,欣然命笔,将此园题为"净香园"。

除了东园外,还有随月读书楼、秋声馆、江家箭道、水南花墅、深庄以及康山草堂等,其中康山草堂最晚建成也最为著名。所谓康山,其实只是一个不高的土山,因为明永乐年间,平江伯陈瑄疏浚运河,改道由城之东南,委土于侧,隆起成土山。几百年过去了,山上有古树名木十余株,都是老干虬枝,古藤倒垂,每到春夏时,绿荫深深,十分幽静。康山草堂就是依山而建的园林。清代著名诗人赵翼曾写诗称赞康山草堂"结构遂甲三吴中",时人也指出:"城内之园数十,最旷逸者,断推康山草堂。"就说明了康山草堂确是当时园林中的佼佼者。乾隆四十五年(1780)、四十九年(1784)皇帝两次南巡,都曾来到康山草堂游览。由于园林的整体设计、亭阁台榭的独特风格深得皇帝欢心,乾隆欣然挥毫赐诗,写下了《游康山即事二首》《游康山》等诗。虽然我们今天已无法了解康山草堂的具体景色,但乾隆能够兴致勃勃地两次游览此园,并能即兴赋诗,又给江春很多赏赐,我们就可知道,康山草堂绝非一般园林了。

比康山草堂略早,建于乾隆元年(1736)的扬州西园,是徽州大盐商汪应庚所造。西园在扬州大明寺的西侧,西园巧妙利用蜀岗的自然丘陵,加以人工的奇妙点缀,形成别具一格的园林。据历史记载:西园建在蜀岗高处,而池水沦涟,面积有几十亩。池四面岗阜环绕,遍植松树、杉树、榆树、柳树、海桐、鸭脚木之类,树上藤萝蔓绕;梅花修竹,相映成趣;夭桃文杏,相间映发。池之北为北楼,楼左为御碑亭,楼前为瀑突泉,高五丈余,如惊涛飞雪,颇为壮观。东面有屋,如画舫浮池上。临池为曲室数楹,修廊小阁,别具幽邃之致。乾隆对此园颇为欣赏,数度来此流连盘桓。

淮安河下古镇今貌之三

明清时期,淮安河下镇是盐商的重要聚集地,徽州程氏又是其中的重要力量。据史载:清初时,在河下业盐者计十三家,皆程姓,皆极豪富。程氏盐商在致富后,纷纷建立园林。河下的园林,其主人只要是程姓的,基本上可以断定他们或是盐商或是盐商后代。他们在自己享受的同时,也不断邀集文人学士来此雅会。

无徽不镇

首先要提到的是且园,它是由中书舍人程鳌所建。程鳌,字艺农,号秋水,顺治十八年(1661)进士,两年后即因父亲年老辞官告养。回来后就买地建造了且园,之所以名"且",有"聊且"之意。且园虽是官员所建,但程鳌却是盐商后代,其父很可能就是盐商。此园不是很大,但非常别致优雅。中为"颐堂",父亲就住在这里,可以朝夕承欢,以示颐养之意。父亲颇亦安之,平时或扶杖看花,或凭栏玩月,儿辈依依膝下,日听指使,不离左右。

"颐堂"东面又别构数椽,为"玉立山房",实际就是书房。可临风倚榻,焚香读史于其中,人世纷华之念澹如也。堂以南又建一亭,曰"桂白亭",亭前种植桂花数本,花放时香气袭人,盘桓久之,无比惬意。亭旁又有一楼曰"养拙",无非主人自写襟怀,生平不善用巧,亦无所施其巧,安我拙所以葆我真也。亭以北有阁曰"云岫",旷观人事变幻无常,如浮云之出岫,忽然而起,忽然而没,宁有定耶?反映了主人对世事沉浮不定的看法,颇有一种出世之想。

且园以外还有柳衣园,徽商程垲在北门外买了一块旧地,在其旁辟为林园,层轩曲谢,夹水相望。大门临水,西南正楼三间,仍旧名曰"曲江楼",面东楼三间,亦仍旧名曰"云起阁"。西首面南三间房,一间曰"娱轩"。西南船房六间,东曰"水西亭",西曰"半亩方塘"。又北首有亭翼然,曰

淮安河下古镇今貌之四

114

"万斛香"。当时程垲、程嗣立兄弟贾而好儒,常聚大江南北耆宿之士会文园中。以清初金坛著名儒学大家王步青、王汝骧两先生,长洲沈德潜先生主坛席。两淮周振采、刘培元、万培风、王家贲、邱谨、邱长孺(重慕)、吴宁谧、边寿民、戴大纯及程嗣立,称"曲江十子"云。《曲江楼稿》风行海内。时寰宇升平,人文蔚起,河下又当南北之冲,坛坫之英,风雅之彦,道出清淮,无不至柳衣园宴游。可以说柳衣园在当时非常闻名。

程垲建有柳衣园,程嗣立则建有菰蒲曲,这也是一处园林。程嗣立出身商人家庭,生性英敏,读书一过即通知大义,工行草书,善画,诗文苍深疏厚,气味醇古,名重海内。他非常孝顺母亲,母亲去世,极为悲痛。既葬,即在墓侧建房,种花树,构亭台,名菰蒲曲。入门,小桥绿柳,有山林气。入其室,几案上陈列的图画,无不入古。堂之右穿修廊,入方亭后,有绿牡丹一本,色如绣球之新萼,一时文士群为诗歌,以识其异。迤逦而北有楼,楼上悬观音大士像,即嗣立手绘。色相服章,对之肃然。楼外树数株,中有银杏,高三丈,大可合抱,这是头年冬天所移栽者。最奇怪的是当移栽时,双鹊随树飞鸣,刚栽好培土,双鹊即在树上营为巢,见者都以为祥瑞征兆。园中有"来鹤轩""晚翠山房""林荫山馆""籍慎堂"诸景。四方名流经常来此聚会,清代著名书法家方贞观与嗣立为莫逆之交,长期下榻于此。嗣立也常邀请一些名流来园观看戏曲演出,晚晴月出,张灯树杪,丝竹竞奏,雪月交映,最为胜集。同柳衣园一样,菰蒲曲在历史上也留下了很多文人的诗篇,可知当初这里是文人流连忘返的好场所。

在河下梅家巷,徽商程晟建有燕贻轩,也是一处园林。宅内大厅额曰"宝善堂",由程晟先生自书。堂侧有园池,南有"思过斋""将就室""卧云阁",为尹继善相国所书。又有"春满玉壶堂",其中廊榭回复,曲折深邃。

像上述这些园林,河下镇还有多个。如在竹巷西有程云龙建的师意园,园中有"不夜亭";在三条巷,徽商程兆庚所建的宜园,房廊台榭、山水树木,布置得宜;在萧湖中有程茂建的晚甘园,有程鉴建的荻庄;徽商子程易建的寓园,园中胜景计十余处:曰澄潭诗社,曰揽秀堂,曰平远山堂,曰荫绿草堂,曰樵峰阁,曰香云馆,曰殿春轩,曰卿云楼、得月楼、蕴藉楼、作赋楼、半红楼等;程国俊建的小山蹊,园中树木幽秀,山石玲珑,廊舍迥回;还有盐商子程昌龄建的南藤花书屋等等。

河下古镇

正如当时人指出的那样:"扬州天下之冲,四方商贾之所辐辏而居。以及仕宦者既众,则争治为园林、台沼、亭馆之胜以自娱而娱其宾。"徽商将这些园林建在市镇,极大地美化了市镇面貌。四方名流前来聚会,又丰富提高了市镇的文化品位。同时,文人们在园林聚会所写的诗也丰富了我国的传统文化,在文学史上也留下了许多佳话。

第五章 徽商与市镇中的徽派建筑

　　建筑是人类生活与自然环境不断作用的产物。城镇离不开各式各样的建筑,城镇中的建筑往往会给人留下深刻的印象,一些有特色的城市常常都会有着一些有特色的建筑。下面我们就来谈谈在城镇中与徽州商人有着密切联系的徽派建筑。

　　徽派建筑不仅存在于徽州地区,还遍及中国的大江南北。徽商在明清时期的活动范围遍及全国,甚至远达海外。《徽州府志》载:"徽之富民尽家于

徽派建筑

仪扬、苏松、淮安、芜湖、杭湖诸郡,以及江西之南昌,湖广之汉口,远如北京,亦复挈其家属而去。"徽商常年在外地经商,在经商地也兴建了大量的徽派建筑,凡徽商涉足之处,常有徽派建筑,如扬州、苏州、杭州、镇江、南京、景德镇等地都存有徽派建筑。"歌管楼台声细细,秋千院落夜沉沉。"这些建筑不但是徽商休憩的场所,也是徽商与别的

无徽不镇

富商巨贾、文人雅士甚至官宦显达交往应酬的场所。徽商曾在扬州经营盐业，获得过大量的利润，他们就在扬州营造了大批的园林建筑。《扬州画舫录》中有大量徽州商人在扬州营建园林的记载，其中徽州棠樾鲍志道在扬州筑有的鲍氏园林，其规模和豪华程度都令人叹为观止。山东名士刘大观游鲍氏园林后，感叹道："杭州以湖山胜，苏州以市肆胜，扬州以园亭胜。三者鼎峙。"最为人们所熟知的应该是在古典名著《儒林外史》第二十二回中，对在扬州的徽商万雪斋府邸的细致描绘：

> 过了磨砖的天井，到了厅上。举头一看，中间悬着一个大匾，金字是"慎思堂"三字，旁边一行"两淮盐运使司盐运使荀玟书"。两边金笺对联，写"读书好，耕田好，学好便好；创业难，守成难，知难不难。"中间挂着一轴倪云林的画。书案上摆着一大块不曾琢过的璞。十二张花梨木椅子。左边放着六尺高的一座穿衣镜。从镜子后边走进去，两扇门开了，鹅卵石砌成的地，循着塘沿走，一路的朱红栏杆，走了进去，三间花厅，隔子中间悬着斑竹帘。有两个小么儿在那里伺候，见两个走来，揭开帘子让了进去。举眼一看，里面摆的都是水磨楠木桌椅，中间悬着一个白纸墨字小匾，是"课花摘句"四个字。

通过这段描写，我们不但能看到在扬州生意场上的徽商与官宦显达的交往，而且通过府邸的陈设，还能显示出徽商儒雅的审美观。如今，每当我们被徽派建筑的典雅深深折服时，一定不要忘记徽派建筑所蕴含的文化内涵与徽商的贡献。

一、徽派建筑中的古建三绝

安徽的南部有一片青山绿水环绕的土地——徽州,这里给人们最直观的印象就是自然古朴、隐僻典雅的建筑,粉墙、黛瓦、错落有致的马头墙随处可见,民居、宗祠、牌坊、宝塔、园林

徽派建筑马头墙

都显出徽州鲜明的地域特色,形成中国建筑艺术的一大派系——徽派建筑。

徽派建筑的发展过程受到了徽州独特的历史地理环境和人文社会观念的影响。徽州地区原来是古越人的聚居地,因地处山区,自古以来就是中原士大夫躲避战乱的桃花源,历史上曾经有过三次移民潮:一次是东晋大批北方士族南迁,史称"永嘉南渡";二是唐末黄巢起义后的北方移民于此;三是北宋末年的大批移民。随着大量移民的不断涌入,徽州变得人稠地狭,建筑楼房流行于当时。《五杂俎》记载:"吴之新安,闽之福唐,地狭而人众……余在新安,见人家多楼上架楼,未尝有无楼之屋也。计一室之居,可抵二三室,而犹无尺寸隙地。"而徽州建筑之所以能得到长足的发展,自成一派,是与徽商紧密相连的。

徽商们对徽派建筑大量投入的资金就是徽派建筑形成的基石。徽商曾是活跃于历史舞台的一支重要的经济力量。特别是在长三角

无徽不镇

地区,徽商的活动最为频繁,曾有谚语:"无徽不成镇","钻天洞庭遍地徽"。徽商经商成功之后乐于回老家大兴土木,他们修祠堂、建宅邸、造园林、竖牌坊,这些在徽州人看来,都是光宗耀祖、荣耀乡里的大事。几百年时间过去了,黄白之物早已散尽,而这些建筑却留给了后世。明洪武二十六年(1393)定制规定:"凡庶民庐舍,不过三间五架,不许有斗拱,饰彩色。"而随着明清市场经济的发展,民间很多地方都已经突破礼制的规定,徽州商人"盛宫室、美衣服、侈饮食、拥赵女"。徽商们在民居建筑上更是出手阔气,使得一些民居气派非凡。黟县的宏村是汪氏聚居地,清末著名盐商汪定贵就出生在这里。汪定贵用巨资建造的承志堂一直保存到现在。承志堂,占地两千一百平方米,建筑面积三千多平方米,六十余间厅堂,一百三十六根立柱! 据说,汪定贵在建造此屋时,仅用于木雕表层的饰金,就用了百两黄金!

徽州黟县宏村

徽派建筑是徽商们出钱造的,徽派建筑也处处折射出徽商们的价值观和审美品位。徽派建筑大体上分为民居、宗祠、牌坊、宝塔、碑亭、园林等,而徽派建筑以民居、祠堂、牌坊最具特色,称"古建三绝"。其中徽派风格最为鲜明的是大量遗存的徽派民居。徽派民居中的水口选址、马头墙、商字门、四水归堂都是徽派民居的特色,而这些也都与徽商有关,徽派民居也体现出徽商的财富观。

祠堂:在外地经商的徽商又被称为徽州商帮,而结帮的纽带正是地缘和血缘,徽商们讲究同舟共济、和亲睦族,这种观念同样也体现在了徽派建筑上。对于徽商来说,祠堂是神圣的。"举宗大事,莫最于祠。无祠则无宗,无宗则无族",敬祖宗、和睦族,徽商把自己的命运与宗族的命运紧紧地联系在一起。因此徽州商人斥巨资修宗祠,就是对曾经帮助其商业发展的宗族势力的报偿,又再度加强了宗族观念。他们渴望在宗族中得到族人的尊重,获得较高的地位。

徽州的村落一般都聚族而居,一个村落往往就是一个大宗族,村皆有祠,且有宗祠、支祠、家祠之分,建造的规制也有着严格的区分。"姓各有祠,宗各有谱",《寄园寄所寄》有载:"新安聚族而居,绝无一杂姓搀入者。其风最为近古。出入齿让,姓各有宗祠统之,岁时伏腊,一姓村中千丁皆集,祭用朱文公家礼,彬彬合度。"村里宗祠的位置都是居于村落的正中心,是风水最好的地点,宗祠祠堂的高度也高过村中一切建筑,且也是村落建筑中建制最宏大的,可谓宗族标志性建筑。祠堂也是徽州最重要的建筑类型,被列为徽派建筑三绝之首。传世至今的徽州祠堂仍然数以千计,较著名的有歙县呈坎罗东舒祠、绩溪龙川胡氏宗祠和婺源汪口俞氏宗祠。

罗东舒祠:位于歙县呈坎村(今属黄山市徽州区),全称"贞靖罗东舒先生祠"。罗东舒,名荣祖,字仁甫,号东舒,是罗氏十三世祖,宋末元初著名学者、诗人、思想家。由于他多次拒绝元朝皇帝忽必烈征召为官,隐居终身,表现了崇高的民族气节,从而受到后代的景仰。明嘉靖年间,第二十一世祖罗洁宗为纪念先祖罗东舒而兴建此祠堂。祠堂共有四进,第一进由照壁和棂星门组成。照壁在祠堂最外面,照壁后

歙县呈坎罗东舒祠

面的棂星门是六柱五间的石牌楼，六根石柱的顶部都雕有怪兽"朝天吼"，雄伟壮观，气势威严。过棂星门即进入第二进，名曰"厅事"。再过七开间的仪门及两旁的边门，进入第三进，是由两庑和享堂组成的院落，共四百多平方米。庭院靠享堂一方是花岗岩石板铺砌的拜台，是祭拜祖先时摆放供品的。享堂正面有二十二扇本格子门，正中照壁上方，挂有"彝伦攸叙"巨匾，出自明代著名书法家董其昌手笔。罗氏族人祭拜先祖、举行庆典、商讨大事、宴请宾客等活动都在此进行。享堂南面建有"则内"，即为"女祠"，罗氏家族女性祖先的牌位安放于此，这是不同于其他祠堂的独特之处。享堂后面即后寝大殿，是祠堂的第四进。也是整个祠堂最神圣、最精美的地方，专门用来安放罗氏男性祖先牌位之处。殿前有石阶甬道通向大殿，沿廊有十根巨型石柱，殿内有木柱四十六根，殿内石雕、木雕技艺高超，形态各异。梁架上的彩绘，明快大方，堪称珍品。后寝大殿上方为宝纶阁，珍藏有关罗氏的圣旨、御赐、官诰、皇榜等物。该祠分两阶段建成，嘉靖十九年（1540），后寝大殿即将竣工时，因故停止。七十年后，隆庆进士、大理寺卿、罗氏二十二世祖罗应鹤于万历年间荣归故里重新复建，并加盖了宝纶阁。整个祠堂占地面积三千三百平方米，可谓规模宏大，被誉为"江南第一祠"，是全国重点文物保护单位。

绩溪龙川胡氏宗祠：龙川胡氏宗祠始建于宋。明嘉靖二十五年

（1546），族人兵部尚书胡宗宪倡导捐资扩建。清光绪四年（1878）重修。该祠位于安徽省绩溪县瀛洲乡大坑口村（龙川）。该祠坐北朝南，前后三进。前进门楼采用重檐

徽州绩溪胡氏宗祠

歇山式建筑，两边各有戗角四只，台阶五级，面宽二十二米。仪门高2.3米，阔3.4米，门前石鼓、石狮对峙。门楼原悬"龙川胡氏宗祠"匾额，系明代文学家文征明手笔。过门楼即天井，越天井沿台阶而上即为中进，此为祭祀正厅。胡氏宗族在此祭祀祖先、举行庆典、商量族务等。正厅东西各有十二扇落地隔门，正厅前原悬"宗祠"二字系嘉靖帝叔父光泽王所题。后进是寝室，专门供奉胡氏祖先牌位。七开间，上下两层，重檐建筑。两厢槅扇门裙板均为木雕花瓶图，计一百幅（至今尚留四十八幅），东西厢各有落地槅扇十六扇，上部镂空棂花，裙板雕有形状各异的博古花卉。正祠东侧建有一副祠，名为丁家祠堂，其结构分上下堂，高度仅有正祠一半，意在感谢丁家对胡氏的贡献。整个祠堂占地一千七百平方米，建筑主体为明代徽派建筑艺术风格，而内部装饰则以清代风格为主。

该祠堂最显著的特色就是雕刻，无论是木雕、砖雕还是石雕，都充分展现了独具匠心的高超技艺。就木刻而言，祠堂建筑中的大额枋、小额枋、斗拱、枫拱、雀替、梁驼、平盘斗、槅扇、柱础甚至梁脐，无一不精雕细镂，匠心独运。大额枋上这边是九狮欢腾，那边是九龙腾飞，生

动活泼,栩栩如生。其他建筑木构件上或者浮刻,或者深雕,或者镂空,内容有故事,有人物,有山水,有花卉。胡氏宗祠中多达一百二十八幅槅扇,每扇裙板上都精雕细刻有各种图案,无论是松柏花卉,还是飞鸟走兽、家禽游鱼,都和谐地组成一幅幅场景,既有深刻寓意,又表现出极高的艺术水平。

1988年该祠被列为全国重点文物保护单位,有关专家赞誉它是中国古祠一绝。

婺源汪口俞氏宗祠

婺源汪口俞氏宗祠:俞氏宗祠建于清乾隆九年(1744),已有二百七十余年的历史,由朝议大夫俞应纶(正三品)省亲回乡时捐资兴建。前后三进,由门屋、享堂、寝殿组成,占地面积为一千一百一十六平方米。宗祠是以木雕精湛著称于世,木雕刀法细腻纤巧,大量运用透雕手法,反映了康乾嘉雕饰风格趋于精丽及雕刻技艺臻熟,被古建专家誉为"艺术宝库"。

牌坊:散缀在徽州各地的各式牌坊,也是徽派建筑的重要组成部分。在徽州,牌坊是弘扬儒家伦理道德观的纪念性建筑。虽然立牌坊不独在徽州地区,但徽州牌坊数量之巨、制作工艺之精湛,都是其他地区远不及的。徽州牌坊以石制为主,有四柱冲天式、八柱式、口字式等多种式样,造型雅致。牌坊一般分为旌表坊和题名坊两类。旌表坊是只有官绩显赫、孝行义举突出的人以及贞女烈妇,通过地方官上报,再经过朝廷批准才能兴建。题名坊一般建在府邸、书院、祠堂前作为庄重、权威的标志。明代阁老许国的牌坊即许国石坊,俗称"八脚牌楼",又名"大学士牌坊",就位于现今的歙县县城中央。

　　许国石坊建于明朝万历十二年(1584),是明代万历皇帝为了旌表许国特旨允许建造的,南北长11.54米,东西宽6.77米,高11.4米,如此规模宏大、呈八脚结构的牌坊举世无双。整座牌坊结构由两座三间四柱三楼普通牌坊和两座单间双柱三楼普通牌坊组合而成,平面呈11.54米×6.77米的长方口形,高达11.4米,如此形制的组合牌坊在华夏大地上绝无仅有。此为许国牌坊第一绝。一般纪念性牌坊均是坊主逝世后建造之物,唯独许国牌坊是在其生前建造的,这在数千年封建社会史和中国牌坊史上也是绝无仅有的。此为许国牌坊第二绝。最为显眼的匾额题字出自江南才子董其昌之手,石刻技艺使其书法更显遒劲端庄力透石背。接榫固石,通体锦纹,此为许国牌坊第三绝。

许国石坊

　　关于这八脚牌楼还有一段饶有趣味的传说。封

无徽不镇

建时代,所有的臣民只能建四脚牌楼,当时的徽州富商巨贾、官宦贤达者众,大多立有四脚牌坊。而许国时居内阁,位为次辅,如果只是造一座四脚牌坊,在这徽州四脚牌坊林立的地方,无法体现他的声名显赫。怎样才能建造一座与众不同的牌坊呢?许国来了个先斩后奏。许国建这座牌坊前后共拖了近十个月才回朝复命。由于超出朝廷允许的假期,万历皇帝向许国问道:"阁老回乡造坊,请四月之假,为何延长这么许久? 建坊建这么久,不要说四脚牌坊,就算是八脚的也应该早就造好了吧!"许国听了,顿时口呼万岁,奏称"谢皇上恩准,臣建的正是八脚牌坊。"万历皇帝听了哭笑不得,皇帝既然金口一开也不好反悔。就这样,许国化解了自己的僭越之罪,在徽州留下了中国仅有的这么一座八脚牌坊。

这些宏伟的牌坊与徽商有着极大的联系。首先,这些牌坊的建造大都是徽商捐资兴建的,因为很多牌坊只是朝廷颁旨同意建造,而建造费用必须自己承担,没有徽商雄厚的资金支持,徽州很难有如此林立的古牌坊群。其次,徽商们经商致富后,念念不忘儒业,在"富而教不可缓"的信念下,花重金聘名师教育子弟,鼓励他们走功名仕进之路。许多徽商子弟在科考中蟾宫折桂,成为朝廷或地方上的官员,其中一些建有功勋或宦绩突出的官员,在致仕(退休)或亡故后,经过本人或后代申请,朝廷批准,可以建立牌坊,作为光宗耀祖的象征。

在各式各样的牌坊中,最多的就是贞节牌坊。徽州古代习俗往往早婚,当地流传说法是"歙南太荒唐,十三爹来十四娘"。青年夫妻结婚后,男人就要外出学徒、经商,有时长达几十年才能还乡。"一世夫妻三年半,十年夫妻九年空",胡适先生曾经感叹道:"一对夫妻的婚后生活至多不过三十六年或四十二年,但是他们在一起同居的时间,实际上不过三十六个月或四十二个月——也就是三年或三年半了。"长期在外地的徽商害怕自己的妻子会耐不住寂寞红杏出墙，所以一旦出现某位商妇一辈子在家贞节，徽商们就竖起牌坊大力弘扬，宣扬"饿死事小，失节事大"的礼教规范，

徽州贞节牌坊

长此以往造成了贞节牌坊林立的现象。据专家考证，徽州境内大部分贞节牌坊均建于明清两代，也正是徽商最辉煌的时期。

除了许国牌坊较为著名外，徽州其他牌坊精品还有绩溪龙川奕世尚书坊、冯村进士坊、黟县西递胡文光刺史坊、祁门六都大宪伯坊、休宁太塘牌坊等。其中棠樾牌坊群较为典型。

棠樾牌坊群位于歙县郑村镇棠樾村东大道上，共七座，按照"忠孝节义"的顺序排列。明建三座，清建四座。三座明坊为鲍灿坊、慈孝里坊、鲍象贤尚书坊。鲍灿坊旌表明弘治年间的孝子鲍灿，建于嘉靖年间，清乾隆年间重修。近楼的栏心板镂有精致的图案，梢间横坊各刻三攒斗拱，镂刻通明，下有高浮雕狮子滚球飘带纹饰的月梁。四柱的嗓墩，安放在较高的台基上。前二坊为卷草型纹头脊式，后一坊为冲天柱式，三坊都是四柱三间三楼。慈孝里坊上面镂刻"御制""慈孝里"字样，是旌表棠樾人鲍寿逊和他的父亲，即"父慈子孝"的牌坊。整个牌坊典雅古朴而厚重。明代三坊的结构、规格基本相同，只是雕刻内容从粗犷简单的花卉到精致繁缛的鸟兽，有所不同。乾隆下江南时曾誉棠樾村"慈孝天下无双里，衮绣江南第一乡"。

无徽不镇

民居:民居是徽派建筑中数量最多的一类。从外部看,徽派民居的选址颇有讲究,在传统风水观中,大凡流水的总出口,均称为水口。徽州地处群山之中,流水由高流低,环经村落,形成水口。朱熹有诗《水口行舟》云:"郁郁层峦夹岸青,青山绿水去无声。"徽商有着"水为财源"观念,视水口为财源茂盛之征,古徽州村落的选址一般距离水口不远,近则一二里,远有三五里,村落都聚集在由水口衍生出的生态系统范围之中。马头墙是两房之间的砖墙高出房顶的风火墙。徽商们"出门包裹雨伞,归来腰缠万贯",徽商把马头墙也美化成"元宝型"的,在元宝两头的翘角上,又用砖瓦、石灰叠砌成高昂的马头型。徽派民居建筑间距不大,不利于防火,而致富后的徽商们害怕自己的财富会毁于火灾,为了保护自己的财富,徽商们为自己的宅第设计了高高的马头墙,马头墙能在相邻民居发生火灾的状况下,起到隔断火势的作用,所以马头墙被称为风火墙或封火墙。

四水归堂

在徽派民居建筑中,屋内厅堂或过道上,饰以一个"商字门",是徽商民居中所常见的形式。当门内站着一个人时,就构成了一个商字,示意"要进我家门,先从商下过"。从民居内部看,"四水归堂"是徽州民居的重要特征,由四合房围成的小院子通称天井,作采光和排水用,每当雨天屋顶内侧坡的雨水从四面流入天井,俗称为"四水归堂"。徽商们相信水和财气相关,用"四水归堂"聚四方财气,而且使得"肥水不流外人田",不论是民居还是祠堂都有这种设计。

徽派民居中较为著名的有歙县呈坎、潜口、棠樾、渔梁、许村、雄村、郑村、大阜、唐模、丰南,婺源县理坑、思溪、延村、李坑、晓起、庆源、桃溪,绩溪县湖村、龙川、石家村、冯村、上庄,祁门县六都、润田、渚口,黟县宏村、西递、南屏、屏山、木坑,休宁县万安、秀阳、五城。下面我们精选几例观赏。

潜口民宅:又名紫霞山庄,坐落于现黄山市徽州区潜口紫霞峰南麓。在一个小山峦上展示出各类不同古民居风貌,颇具匠心。从建筑类型看潜口民宅,既

潜口民宅

有洞社、宅第,也有小桥、路亭、牌坊。时间跨度上,是从明弘治八年(1495)延续到明中晚期。

紫霞山庄清代曾为汪沅家别业,名"水香园",咸丰年间毁于兵火。1984年起,将原散见于潜口、许村等地十一座较典型又不宜就地保护的明代建筑,集中于此,组成明代村落,定名"潜口民宅"。它包括山门一套,石桥、路亭、石坊各一座,祠社三幢,宅第四幢,有方氏宗祠石牌坊、善化亭、曹门厅、司谏第、方文泰宅、乐善堂等著名建筑。拆迁复原过程中,严格按照"原拆原建""整旧如旧"原则,保持了建筑物的原时风貌。山庄占地一万七千多平方米,茂林修竹,景色清幽,依山就

势,错落有致,从周围不同角度,都可以观赏到完美的建筑形象,被誉为明代汉族民宅建筑博物馆。

山庄门厅为三开间门廊,高檐如盖,八根梭柱拔地而起。门厅建于明中叶,原为潜口镇汪姓众厅六顺堂残留部分。入门有一不大的院落,中间立有三间五楼茶园石牌坊,为明代嘉靖年间郑绮所建。不远处,有小溪自西向东环山而过,溪上横跨有单孔石拱小桥,名"荫秀桥",原坐落于潜口镇唐贝村口。过桥循道登山,路有一亭,四角高翘,名"善化亭",原坐落于歙县许村杨充岭石道旁。顺山势北转,即见"乐善堂",建于明中叶,原系潜口镇汪姓子孙所建众厅,因族中老人常娱乐议事于此,故又名"耄耋厅",二进三开间,无楼。北面毗连着"曹门厅",原为潜口镇汪氏后裔的支祠,九开间的门庭一字形展开,八根献柱整齐划列。入门有四廊,与明堂正厅连接。穿过门前石坪顺势而下,有"司谏第",原坐落潜口村,系明永乐初进士、吏科给事中汪善孙辈祭祖所建宗祠,二进明厅式,中间天井设池,四周绕以石柱,中架单孔石拱小桥。山庄北侧为一组宅第:吴建华宅,建于明中叶,系普通民居,原坐落潜口村,始建时为三层,后改为二层,仍保留明代建筑特征。方观田宅,始建于明中叶,原坐落歙县坑日乡沧潭村,一进二层三间两厢式。方文泰宅,始建于明中后期,原坐落在坤沙村,为三开间两进、上下对廊结构的二层民居。苏雪痕宅,明中叶遗构,原坐落歙县郑村,一脊翻两堂逆向式三间二进两层砖木结构。

呈坎村古建筑群:位于黄山市徽州区北部。唐代末年,江西南昌府罗秋隐、罗文昌二兄弟举家迁此,"择地筑是而居"。由于初次迁来,二罗兄弟完全按八卦风水论规划未来的村落布局。他们首先筑坝开河,引众川河水穿村,状如太极图中阴阳两极的"S"形分界,又在太极鱼眼的位置各建道观,使此村成为按《易经》阴(坎)、阳(呈)二气统一、

天人合一的八卦村,遂将此村命名为呈坎。在八卦理论中,呈代表天,属阳;坎代表地,属阴。规划一旦定下

呈坎古镇

来,村落以后就此框架内发展。随着人口的繁衍,房屋建筑越来越多。尤其是宋代罗氏人才辈出,罗汝楫、罗愿父子最为有名。宋代大儒朱熹曾经来到呈坎,惊叹此村的布局,写诗赞道:"呈坎双贤里,江南第一村。"从明代中叶到清代中叶,随着徽商的兴起,罗氏经商者遍布大江南北,他们致富后首先要兴建宗祠,罗东舒祠就是在此时建造的。其次徽商大建住宅,一幢幢徽派风格的宅第拔地而起。最终形成二圳、三街、九十九条巷,而且街街巷巷相通。两条水圳穿街走巷,现仍发挥着消防、排水、泄洪、灌溉等功能。这一八卦图的古村构造,使得呈坎成为中国古村落建筑史上的一大奇迹。

经过岁月的磨洗,现今该村在0.5平方公里的范围内,保存有宋代建筑二处,元代建筑二处,明代建筑二十三幢,清代建筑一百三十余幢,呈坎古民居建筑群被列入国家文物保护单位。

村内最著名的建筑当是始建于明嘉靖年间的"贞靖罗东舒先生祠",前已介绍。由于众川河绕村而过,故而呈坎村桥多,其中著名的有元朝修建造型优美的环秀桥、明代修建的江南单孔跨度最大的石拱桥——隆兴桥,至今保存完好。村中的长春社是村民祭祀土地神、五谷神之所,俗称社屋,是徽州仅存的古代祭祀土地神和五谷神的公共

建筑,距今已有一千多年的历史。

古村内聚集着不同风格的亭、台、楼、阁、桥、井、祠、社及民居,建筑上的精美石雕、砖雕、木雕、彩绘将徽州古建筑艺术的古、大、美、雅体现得淋漓尽致,被中外专家和游人誉为"中国古建筑艺术博物馆"。

西递古村

西递古民居群:西递村位于黄山南麓黟县境内,距今黄山市五十四公里,原名西川,因村边的河水向西流去,后因在此曾设立传送公文的驿递铺,而改今名。该村南北长三百米,东西宽七百米,现有居民一千多人。

西递村距今已有近千年历史。明清时期,西递村发展到鼎盛阶段,它是完全和徽商的发展同步的。那时西递胡氏宗族大批人员出去经商,足迹遍布全国。他们致富后纷纷回乡建祠造宅,也有一些人读书做官,衣锦还乡,也建起豪华宅第。据记载,清乾隆年间,全村有宅第六百余幢,各种店铺二十余家,人丁兴旺,经济富庶。显然这些宅第房屋不是一朝一夕建起来的,而是在较长的时段逐渐兴建的,他们的建造都是服从整体布局的需要,绝非随意兴建。所以整个村落虽然宅第相连,鳞次栉比,但却有条不紊,错落有致。鸟瞰西递村,全村就像一只在大海中航行的船舱,一幢幢民宅就像一间间船舱,昔日村头高大的乔木和十三座牌楼,好比船上的桅杆和风帆,村周围连绵起伏的山峦宛如大海的波涛。村中路面都用大理石铺砌,两条清泉穿村而过,九十九条高墙深巷使人如置迷宫。

村中现有保存完好的明清民居一百二十四幢,成为我们今天的宝贵文化遗产。其中比较著名的有:

胡文光刺史坊:矗立在西递村头,是一座三间四柱五楼结构的青石牌坊。坊高12.3米,宽9.95米,建于明万历六年(1578),距今已有四百多年历史。中间横梁前后分别刻有"登嘉靖乙卯科奉直大夫朝列大夫胡文光"字样。二楼中间西面为"胶州刺史",东面为"荆藩首相",斗大双钩楷字,书法遒劲。三楼中轴线上镌有"恩荣"二字,象征该村胡氏宗族昔日的荣耀。牌坊上的人物、花卉、动物石刻,非常精美。

胡文光刺史坊

无徽不镇

大夫第：朝列大夫胡文照的故居，建于清康熙三十年（1691）。据说胡文照当初任开封知府时，曾大刀阔斧整饬腐败吏治，却遭权贵陷害，几致死地。后得一人点拨："吏治腐败由来已久，大人不可一蹴而就。当今之时，大人只有作退一步想，先保住官职，再循序渐进，用计破其联合，然后各个击破。"胡文照依计而行，果见成效。但他为官十年，政绩显著，迟迟不得提拔，于是辞官回乡，因其父经商，家中富有，乃建此大夫第。该建筑为临街亭阁式，它的特别之处是在临街一面悬空挑出一座小巧玲珑的观景楼。大夫第墙上嵌了一块石刻，上刻五个篆字："作退一步想"，颇耐人寻味。

大夫第的临街小楼

桃李园：是由一儒一商兄弟二人合建的宅第。分为前、中、后三进。前进为两家共用，二进为经商者弟弟所居，三进为读书者兄长所居。三进门额上有汪士道书写的"桃花源里人家"石刻；二厢房用屏门组合而成,上面有康熙年间书法家黄元治草书"醉翁亭记"木雕。整个建筑体现了典型的徽派建筑风格。

敬爱堂:原为西递胡氏十四世祖仕亨公住宅,始建于明万历年间,后毁于火。乾隆年间,因胡氏子孙繁衍,人口众多,遂扩建为宗祠,面积达一千八百多平方米,门楼飞檐翘角,十分壮观。步入中门为祭祀大厅,作为宗族祭祀拜祖、重大庆典、惩戒族人的场所。大厅分上、下两庭,上下庭以大天井连接,左右分设两庑,梁檩高悬"天恩重沐""上国琳琅""四世承恩""盛朝英俊"等多块金字古匾。上庭正面木板壁上悬挂祖宗画像,楼上供奉列祖列宗神位,上悬"百代蒸尝"匾额,意思是要世世代代不忘祖先的恩典。敬爱堂中令人难忘的是有一斗大"孝"字,是南宋大理学家朱熹所书。细看此字,耐人寻味,字中有画,画中有字。"孝"字上部像一个仰面拱手作揖跪地、孝敬长辈的俊俏后生,而后面则是一个猴子的嘴脸,意在告诉人们,能孝敬长辈则为争气儿孙,反之就成为猴子。此字向世人传递了"敬老尊老""兄弟互爱"的孝悌精神。

走马楼:位于胡文光牌坊西侧的"走马楼",又称"凌云阁",始建于清代道光年间,相传是当年西递首富大商人胡贯三为迎接歙县的亲家、当朝宰相曹振镛而专门兴造的。现今的走马楼是依据当年的布局重新修复的。走马楼分上下两层,粉墙墨瓦,飞檐翘角。楼下有单孔石拱桥,名为梧赓古桥,西溪流水绕楼穿桥而过,在这里可领略"梧桥夜月"的美景。

西递古民居群体现了典型的徽派建筑特色,马头墙、精美木雕、石雕、砖雕、商字门、祠堂、牌坊、厅堂等,都在这里得到充分展现,所以该村被誉为"古民居建筑的艺术宝库"。

宏村清代建筑群:宏村位于黟县城北际联乡,南宋绍熙年间建村,

无徽不镇

鼎盛于明清时期。宏村北倚雷岗山,东、西有东山、石鼓山,山体植被茂盛,村南地势开阔,建有大面积的池塘——南湖。村落坐北朝南,处于山水环抱的中央,形成背枕高山面临流水的"枕山、环水、面屏"的理想风水环境。鸟瞰宏村,全村宛如一"牛"形,村口引入西溪河水,成一水圳,河水湾湾绕绕流经全村,就像"牛肠"。河水提供了生产、生活、消防等功能。居民足不出户,就可以饮用、洗涤、浇园,及至凿池养鱼、植花种草以休养生息。宏村的街巷,用花岗石铺地。村落中心挖掘一半月形水塘——月沼,酷似"牛胃"。村中住宅和祠堂环绕月沼而建。西溪河水经"牛肠""牛胃",最后流入村口南湖。南湖建于明代万历年间,当时因村中人口众多,月沼蓄水已不够用,乃以百亩良田,凿深数丈,以成南湖。站在湖旁,远峰近宅,倒映湖中,夏日湖中绿荷摇曳,鹅鸭戏水,树上鸟语蝉鸣,水中鱼儿畅游,真是宏村一大亮丽风景。

宏村月沼

宏村明清民居建筑群保存基本完好,有书院建筑、祠堂建筑和众多的住宅建筑及私家园林,是徽州建筑文化的杰出代表。特别是南湖书院以及承志堂、德义堂、碧园等建筑,反映了14世纪至18世纪徽州儒家文化的昌盛。宏村明清民居建筑群有着朴素、典雅的气质,各种题材的木雕、砖雕、石雕分布于每幢建筑之中,住宅的室内装饰、庭院陈设和绿化布局,体现了深刻的徽州文化内涵,具有很高的历史、艺术、科学价值。

南屏清代建筑群:南屏村位于黟县西武乡。始建于宋,鼎盛于清中叶。曾名叶村,后因村背依南屏山易名南屏至今。

这个规模宏大的古村庄聚居着叶、程、李三姓几百户人家,至今仍较好地保存着八幢象征宗族势力的古祠堂,并依序排列在一条约两百米长的轴线上。宗祠规模宏大,家祠小巧玲珑,组成了一个全国罕见的古祠堂建筑群,是现代人了解中国封建宗法制度的博物馆。同时这个村的三百多幢明清民居古建筑,沿着七十二条巷弄分布排列,组成了一个如迷宫似的村落。

黟县南屏村

南屏最具特色的建筑应属祠堂群。嘉庆《黟县志》指出:"徽州家族居,最重宗法。黟地山逼水澈,族姓至繁者不过数千人,少或数百人或百人,各构祠宇,诸礼皆于祠下行之,谓之厅厦。"南屏至今还保留着八座祠堂,大多坐落在村前横店街长约两百米的一条中轴线上。其中有属于全族所有的"宗祠",也有属于某一分支所有的"支祠",还有属于一家或几家所有的"家祠"。

南屏村的主要建筑有叙秩堂、叶奎光堂、孝思楼、敦睦堂、慎思堂、倚南别墅、叶姜生宅、冰凌阁、半春园等。叙秩堂,为叶氏宗祠,建于明成化年间,清嘉庆三年(1798)重修。坐东朝西,占地近一千两百平方米。祠里歇山重檐,左右对称,祠堂共有八十根粗大圆柱,三进二天井,大门两侧有一对"黟县青"石鼓。叶奎光堂,为叶姓的支祠。建于明弘治年间,清代两次重修,是南屏叶姓祭祀四世祖叶圭公的会堂,坐东朝西,占地一千二百平方米,共有银杏木大柱八十六根,三进两天井,结构庞大,气势恢宏。孝思楼,又名小洋楼,坐东朝西,建于清末,建成时一体四宅,有过街楼和连廊相连通,孝思楼采取罗马式的半圆拱门和窗户,洋楼为四层建筑。其一、二层采光多用窗户,三、四层由屋脊中央挑出楼梯。室内空间广阔,光线充足。敦睦堂,建于清同治年间,占地近四百七十平方米。坐北朝南,大门开在中轴线上,二进三开间二天井、前后廊,二层建筑,左设厨房、偏厅,后设庭院。主屋内青砖铺地,照壁及侧门均可开启,前后堂有花草彩绘的天花。二层神龛保存较好且精美,有圆柱冬瓜梁额枋状,门楼雕刻为人物故事;厨房内青砖铺地,有方形石制贮水池。慎思堂,建于道光年间,坐东朝西,前后二进三间。大门嵌有青砖门罩,堂内有庭院。院内石凳石几齐全,左侧套有小园,隔墙有一大漏空花窗,小门上方有"瑞霭"门楣石刻。倚南别墅,又名养老厅。建于清末,坐南朝北,占地面积一百四十三平方米。由一大三间配两小三间构成,大三间为正厅,两处小三间,各为一偏厅,厅左为小厨房,厅右为卧室,均为不规则形,设计精巧,构成"两江春水当门绕,一色天光入户来"的意境。

除徽派建筑中的古建三绝之外,徽州的书院、戏台建筑也是有着自身的建筑风格。

书院:宋元以来,徽州教育就已经比较发达。明中叶之后,因徽商财力的支持,书院数量更多。现存的徽州书院,除了歙县竹山书院保存比较完整外,祁门东山书院大部分尚存,歙县古紫阳书院、休宁海阳书院、黟县碧阳书院尚存残迹。这里以竹山书院为例来赏析。

歙县雄村竹山书院内景

竹山书院位于歙县雄村,建于乾隆二十四年(1759),为户部尚书曹文埴伯父和生父兄弟所建。清初,曹氏为盐商,至曹堇饴时,已成豪富。曹堇饴临终前,命其二子于竹溪建文阁,创书院,修社祠,筑园庭,历十余年乃成。

竹山书院两旁的石鼓和大门上方斗大的"竹山书院"的题额十分醒目,入门处竖立了一个木屏,两廊皆方形石柱,正厅宏大宽敞。正壁悬蓝底金字板联一付,上联是"竹解心虚,学然后知不足",下联是"山由篑进,为则必要其成"。联为曹文埴所撰写。

桂花园在桃花坝东首和竹山书院相连。园中植有桂树数十株,有月月桂、八月桂等多个品种。桂花厅名为"清旷轩",轩厅正壁有曹学诗所撰写的《所得乃清旷赋》。轩柱悬隶书联对:"畅以沙际鹤,兼之云外山"。轩厅上额匾为篆书"所得乃清旷"。厅前有平台,台柱三面皆饰以石雕,有栏柱十六,顶端各有青石狮,小巧玲珑,神态各异。桂花园西首有八角亭一座,正名为"凌云阁",亦称"文昌阁"。此阁高大雄伟,石基八面,高六尺多。阁分两层,各具八角,顶为锡制,基部如荷披复,上为防风锥,以铁链八条系于四角间。角均翘起,如鸟振翼,下垂风铃。阵风吹来,叮当作响,宛为仙曲。阁的上层,八面皆窗,正面窗外悬陶匾,赭底黑字:"俯掖群伦",是曹文埴的手书。阁的下层,前柱为石制,两柱间有一匾,蓝底楷书金字:"贯日凌云",石柱悬一对联,上联"扶君臣朋友之伦,心悬日月",下联"证圣贤豪杰之果,道在春秋"。在书院学习的学子,常在课余来此小憩或登高眺远。

徽州古戏台

戏台:徽州现存古戏台近二十座,除了婺源阳春戏台建于明末,大多建于清中叶之后。阳春戏台位于婺源县镇头乡阳春村,建于明代,清代修葺。它附属于方氏宗祠,代替宗祠的门屋。阳春戏台为前后台,前台面对宗祠内部,显示了徽州戏台的封闭性。戏台五凤楼式屋顶,上方有圆形藻井,用以改善音质。余庆堂古戏台坐落于祁门县新安乡株林村,附属于古祠余庆堂,故名。戏台与祠同建于清同治年间。戏台坐东面西,与祠堂正厅相对。台面高两米,分前台后台。台中有佛冠式彩绘藻井,前檐额坊、撑拱、月梁,均雕饰戏文及花鸟图案,戏台两侧有观戏楼。

二、徽派建筑中的徽商品味

徽派建筑的艺术风格,充分体现了徽商们的文化素养和审美品位。徽州既有"东南邹鲁"之称,又以商贾之乡闻名。明清时期的徽商或先儒后贾,或先贾后儒,或亦贾亦儒,形成了贾而好儒的特色。徽商既是商人也是文人,总体来说他们是有文化素养的商人。这些徽商还乡后,以儒雅、清高、超脱的心态构思营建住宅,他们追求那种"双双瓦雀行书案,点点杨花入砚池"的文人格调,所以大多在自己的住宅中建庭院、掘水池、设盆景,那些别致漏窗、雕梁画栋、题名匾额无不显示出主人的儒雅气质。徽派建筑在相当程度上已超越了一般农民和市民阶层的思想意识,与官宦、文人阶层有着一致的审美情趣。王明居先生曾把徽派建筑艺术风格概括为:"自然古朴,隐僻典雅",并逐条解释,"不矫饰,不做作,自自然然,顺乎形式,与大自然保持和谐,以大自然为皈依;不趋时势,不赶时髦,不务时兴,此谓之自然。笃守古制,信守传统,推崇儒教,兼蓄道、释,坚持宗族法规,崇奉风水,追求朴素淳真,此谓之古朴。含隐蓄秀,奥僻深邃、凝重孤峭,寂寥幽丽,此谓之隐僻。典正雅致,庄重高洁,文质彬彬,不染尘俗,此谓之典雅。"而徽派建筑这样的艺术风格也正是符合徽州商人别于一般市井阶层的品味。

明清徽州兴学重教,文风昌盛。"虽十家村落,亦有讽诵之声。"贾而好儒的徽商们对于自己子弟的教育是极为重视的。这在徽派建筑中也有体现。徽派建筑在结构布局上讲究尊卑有别、长幼有序的等级观念,同时在房屋内部装饰的三雕上,大都刻着有关忠孝节义的种种故事,通过这些手段对自己的子弟进行儒家思想的陶冶也表达了徽商的理想、观念。徽商们对子弟教育最常见的一项措施就是在厅堂、居室悬挂各种楹联,让子弟在潜移默化中受到教育。如:"文章本六经得来,事业从五伦做起""读书经世文章,孝弟传家根本""读书好营商好效好便好,创业难守成难知难不难"等,几乎没有人家的厅堂没有楹联。

明清时期,徽商在家乡或经商地建造了大量的园林,如在徽州就建有季园、曲水园、遵晦园、遂园、荆园、潜丘园、奕园、雅园、素园、冰玉山房、鹿柴别业、不疏园等。在扬州,徽州盐商更建有影园、休园、小玲珑山馆、康山草堂等,甚至徽商汪汝谦还别出心裁,建造了西湖上的园林——不系园,实际上就是画舫。

这些园林,可不仅仅是供主人休闲玩乐的场所,他们不仅要求园中景色优美,而且要实用,符于诗意。既能游览观光,又能读书治学,还能会友留客。所以无论是园林的命名,还是园中建筑的布局、景点的设计,都体现一代儒商的品位和审美情趣。因此,这些园林都是格调高雅,充满了文人气息,乃至大批文人学者来此游览聚会,无不诗兴大发,吟咏成篇,他们个个流连忘返,留下了大量的诗歌和文字佳话。